사람이 하늘이다
❶

가해 강론집 ❶

사람이 하늘이다

강영구 신부

불휘
미디어

사랑하는 어머니
조 헬레나 님께 이 책을 바칩니다.

머리글

사제는 어떤 사람일까?

요리사라고 하면 어떨까? 나는 오늘까지 사제 성소를 살면서 어떻게 하면 말씀과 성체를 맛있게 요리해서 신자들을 먹일까 고심해왔다.

가톨릭 신앙생활의 궁극적 목표는 제2의 예수가 되어서 '지금, 여기'서 하늘나라를 누리는 것이다. 제2의 예수가 되는 확실한 길은 예수님을 먹는 것이다.

교회는 신자들이 예수님을 먹을 수 있도록 말씀과 성찬의 식탁을 마련하고 있다. 말씀과 성찬의 식탁에서 예수님을 먹고 예수님과 하나가 되는 신자는 제2의 예수가 될 수 있다. 사제는 이 식탁의 요리사로 불리움 받았다.

안타까운 현실은 말씀과 성찬의 식탁에 손님들이 자꾸 줄어들고 있다는 사실이다. 나쁜 식재료 때문일까? 그럴 리가 없다. 말씀과 성체는 예수님 이후 교회 안에서 이천 년 이상 검증을 거친 최고의 식재료다.

이스라엘 백성은 젖과 꿀이 흐르는 가나안 땅을 향한 40년 광야의 길을 걷는 동안 만나를 먹고 살아남았다. 현대의 그리스도인들도 하늘나라를 향한 여정 중에 말씀과 성체를 먹어야 살아남을 수 있다.

그런데 성찬의 식탁을 외면하는 신자들이 늘어나는 이유가 무엇일까? 요리사의 시원찮은 조리 솜씨 때문일까? 아니면 요즘 신자들은 아예 먹기를 거부하면서 다이어트 중이거나, 더 맛있고 영양가 있는 식탁을 발견한 것은 아닐까?

여기 펼쳐지는 보잘것없는 강론들을 통해서 신자들이 말씀에 맛들이기를 소망한다.

불자들의 궁극적 목표는 부처가 되는 것이다. 부처가 될 수 있는 두 가지 길이 있다. 하나는 깨달음을 얻는 것이고, 다른 하나는 보살의 삶을 사는 것이다. 어려운 길이다. 그래도 불자들은 이 길을 걷기 위해 노력한다.

가톨릭 신앙인들은 말씀과 성체를 먹고 예수님과 하나가 될 수 있고 그분의 생명에 참여한다. 끝내 제2의 예수가 된다. 정말 그럴까?

"사람은 빵만으로 살지 않고 하느님의 입에서 나오는 모든 말씀으로 산다."(마태 4, 4) 돌을 빵으로 만들어 주린 배를 채워 보라는 유혹자에게 하신 예수님의 말씀이다. 요한복음은 "말씀은 하느님이셨다. 말씀이 사람이 되시어 우리 가운데 사셨다."(요한 1, 1.14) 고 증언한다. 그러니까 예수님은 말씀이 되어 이 땅에 오신 하느님이고,

우리는 그 말씀을 먹고 살아야 한다.

"나는 하늘에서 내려온 살아 있는 빵이다. 누구든지 이 빵을 먹으면 영원히 살 것이다. 내가 줄 빵은 세상에 생명을 주는 나의 살이다."(요한 6, 51) 성찬의 식탁에서 받아먹는 성체는 예수님의 몸이고, 성체를 먹는 사람은 영원히 산다.

예수님의 가르침과 성경은 가톨릭 신앙인들이 예수님의 생명에 참여하고 제2의 예수가 될 수 있는 길은 말씀과 성체를 먹는 것이라고 증언한다.

나는 은퇴하여 지리산에서 은둔생활을 하고 있다. 지리산은 골이 많고 깊다. 골짝마다 신자들이 살고 있다. 성당은 너무 멀다. 그래도 말씀을 먹고 성체도 먹어야 살겠다고 생각하는 신자들이 주일마다 나의 오두막을 찾아온다. 나는 성찬의 식탁을 펼치고 그들에게 말씀과 성체를 나누어준다.

그들은 산골공동체라는 울타리를 만들고 도반이 되어 손을 맞잡고 삶의 길을 걷는다. 그들은 모두 예수다.

사목 현장을 떠나 백수 사제 생활을 하는 나에게 매달 생활비를 보내주는 교회에 작은 보답이라도 해야겠다는 생각으로 가해 강론집을 내기로 했다.

산골공동체 가족들에게 감사의 인사를 올린다.

원묵계(元默溪) 앙산재(仰山齋)에서
—明 **강영구 루치오** 신부

차례

사람이
하늘이다 ①

머리글 _ 5

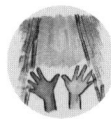
대림 시기
오시는 예수님

대림 제1주일	어두운 시대를 잘 살아가는 길 _ 12
대림 제2주일	회개 - 자신을 태우는 삶 _ 20
대림 제3주일	기쁨을 꽃피워라 _ 28
대림 제4주일	믿음의 큰 그릇, 요셉 _ 35

성탄 시기
태어나신 예수님

예수성탄 대축일	그가 사랑하시는 사람들에게 평화! _ 44
	말씀이 사람이 되신 신비 _ 52
	청정심(淸淨心)으로 맞아야 할 성탄 _ 61
	말씀이 사람이 되시다 _ 69
평화의 날	꿀벌 같은 삶 _ 76
주님 공현 대축일	현자(賢者)들의 가르침 _ 83
성가정 축일	가정의 바탕, 믿음과 사랑 _ 91

사순 시기
죽으시는 예수님

재의 수요일	대면하는 계절_ 100
사순 제 1주일	유혹의 계절_ 105
사순 제 2주일	하느님 마음에 드는 아들_ 111
사순 제 3주일	생명(生命)의 물 예수_ 117
사순 제 4주일	실로암 예수_ 123
사순 제 5주일	라자로야, 이리 나와라_ 129
수난 성지주일	예수의 길 _ 135
주님만찬 저녁미사	너희가 사랑을 아느냐? _ 141
성금요일	십자가의 신비 _ 147

부활 시기
부활하신 예수님

예수 부활 대축일	나자렛 사람 예수의 부활: 새로운 생명 _ 154
부활 제 2주일	평화가 너희와 함께! _ 160
부활 제 3주일	도반(道伴) 예수 _ 166
부활 제 4주일	거룩한 부르심(성소) _ 172
부활 제 5주일	마음의 뿌리 _ 178
부활 제 6주일	예수를 사랑하는 사람 _ 184
주님 승천 대축일	인내천(人乃天), 사람이 하늘이다 _ 190
성령강림 대축일	성령의 시대 _ 196
삼위일체 대축일	대자대비(大慈大悲) 하신 하느님 _ 202
성체성혈 대축일	예수를 먹는 사람들 _ 207

대림 시기

오시는 예수님

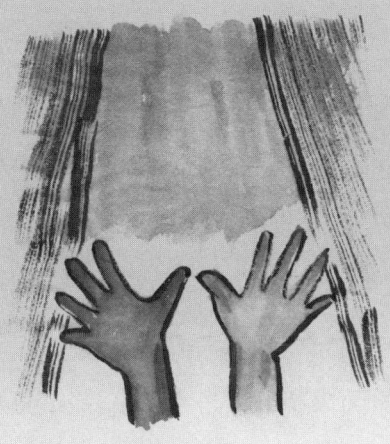

대림 제1주일
- 이사야 2,1-5
- 로마 13,11-14
- 마태 24,37-44

어두운 시대를 잘 살아가는 길

오늘은 교회 달력 즉 전례력(典禮曆)으로는 새로운 한 해를 시작하는 첫날입니다. 세속 달력으로 새해가 되려면 아직도 한 달을 더 기다려야 합니다. 그러나 교회는 세속 달력과 다른 달력을 사용합니다. 전례력이라는 달력입니다. 전례력은 예수님의 생애와 맞물려서 돌아가는 달력입니다.

교회가 세속 달력과는 다른, 예수님의 생애와 맞물려 돌아가는 전례력을 사용하는 이유가 있습니다.

첫째, 신앙인은 이 세상에 살지만, 이 세상에 속한 사람이 아니라 하느님께 속한 사람이라는 사실을 일깨워주기 위해서입니다. 우리는 이 세상에 구세주로 오신 예수님의 부르심을 받고 하느님의 자녀가 되었습니다. 아버지 하느님께서는 자녀인 우리에게 천국을 상속받을 수 있도록 허락하셨습니다. 이렇게 우리를 하느님의 자녀가 되게 해주셨고 천국의 상속자가 될 자격을 갖추도록 해주신 분이 예수님입니다. 그래서 교회는 예수님의 생애와 맞물려서 돌아가는 달력을 사용합니다.

세상 사람들에게는 세속 달력이 필요합니다. 그리고 그 달력에 맞추어서 살아야 잘 살 수 있고 사람 구실을 할 수 있습니다.

농부들은 절기를 잘 알아야 제대로 농사를 지을 수 있고, 고기를 잡는 어부들은 물때를 잘 알아야 고기를 잡을 수 있습니다.

농부가 절기를 모르면 농부로서의 자격이 없을 뿐 아니라 농사를 제대로 지을 수 없습니다. 어부가 물때를 맞추지 못하면 어부로서의 자격이 없고 열심히 그물질을 해도 아무 소득을 얻을 수가 없습니다.

명절이 언제인지, 기념일이 언제인지, 자신의 생일이 언제인지, 그리고 부모님의 생신날과 제삿날이 언제인지 잘 기억해야 하고 또 잘 챙겨야 합니다. 그래야 사람 구실을 제대로 할 수 있습니다.

사람 구실을 하기 위해서는 시간의 흐름 속에서 일어났던 일을 기억하고 기념하면서 자신을 반성할 때 가능합니다. 물론 신앙인들도 여기에서 예외가 될 수 없습니다.

그러나 우리는 하느님의 자녀들이기 때문에 구원역사를 주관하시는 하느님의 달력을 잘 알아야 하고 그 달력에 맞추어서 살아야 합니다. 그 달력이 전례력입니다.

둘째, 교회가 예수님의 생애와 맞물린 전례력을 사용하는 이유는 믿는 이들을 예수님의 삶 안으로 초대하기 위해서입니다.

우리는 세례를 받을 때 이미 예수님 신비체의 한 부분이 되었습니다. 세례를 통해서 예수님 안으로 들어갔고 예수님의 생명을 나누어 받는 사람이 되었습니다.

사도 바오로는 갈라티아서 3, 27-29에서 이렇게 말씀하십니다. "세례를 받은 여러분은 다 그리스도를 입었습니다. 그래서 유다인도 그리스인도 없고, 종도 자유인도 없으며, 남자도 여자도 없습니다. 여러분은 모두 그리스도 예수님 안에서 하나입니다."

사도 바오로의 말씀에 따르면 우리는 '또 다른 예수'가 되었습니다. 당연히 신앙인의 삶은 예수님의 삶을 닮아야 합니다. 우리 삶이 예수님의 삶을 닮기 위해서는 예수님께서 사셨던 것처럼 살아야 합니다. 따라서 예수님의 생애와 맞물려 돌아가는 달력이 필요합니다.

교회는 전례력을 통해서 신앙인들이 예수님처럼 살아가도록 초대하고 있습니다.

믿지 않는 사람들은 아직도 이 해가 저물려면 한 달이라는 세월이 남아있다고 느긋해 합니다. 하지만 하느님의 자녀인 우리들에게는 이미 새로운 한 해가 시작되었습니다. 그러므로 신앙인들이 사는 모습은 세상 사람들과는 분명히 구별됩니다.

세상에 속한 사람들은 아직도 묵은해를 살고 있지만, 신앙인은 새해를 살고 있습니다. 새해를 시작한 신앙인들의 삶도 역시 새로운 삶이어야 합니다.

구체적으로 어떻게 생활하면 좋겠습니까? 사도 바오로는 로마인들에게 보낸 편지에서 이렇게 말씀하십니다.

"여러분이 잠에서 깨어날 시간이 이미 되었습니다. 밤이 물러가고 낮이 가까이 왔습니다. 그러니 어둠의 행실을 벗어버리고 빛의 갑옷을 입읍시다. 대낮에 행동하듯이, 품위 있게 살아갑시다. 흥청대는 술잔치와 만취, 음탕과 방탕, 다툼과 시기 속에 살지 맙시다. 그 대신에 주 예수 그리스도를 입으십시오."(로마 13, 11-14)

우리에게는 시간이 무한정 허락되어 있지 않습니다. 어떤 분에게는 오늘 이 시간이 생의 마지막이 될 수도 있습니다. 그뿐 아니라 우리는 내일 우리의 운명이 어떻게 될지 알지 못합니다. 우리들의 삶은 불확실 속에 놓여 있습니다. 이것이 인생살이이자 세상살이입니다.

몇 해 전, 대구에서 지하철 방화사건이 일어났습니다. 방화범으로 형을 살던 범인은 지난 9월 진주교도소에서 병사(病死)했습니다.

방화사건이 일어났던 그날, 다음 역에서 어떤 참사가 벌어질 것인지 예측하지 못하고 무심히 앉아 있다가 많은 사람들이 참변을 당했습니다. 불과 1분 후에 도착할 다음 역에서 방화사건이 일어날 것이라는 사실을 알았더라면 아무도 그 자리에 앉아 있지 않았을 것입니다.

불행하게도 아무도 1분 후에 무슨 일이 벌어질 것인지 몰랐고, 자신들의 운명이 어떻게 될지 몰랐기에 무심히 다음 역에 도착할 것을 기다렸습니다.

이 사건으로 수십 명이 형체도 찾을 수 없는 모습으로 사라졌습니다. 이것이 우리 현실에서 벌어지는 일들 중의 하나입니다. 이것이 사람 사는 모습입니다. 세상에서 벌어지는 일상입니다.

그렇게 참변을 당한 사람들 가운데 천주교인들도 끼어 있었습니다. 천주교인이라고 해서 갑자기 벌어진 참사에서 예외가 될 수 없습니다. 천주교 신앙이 갑자기 닥치는 재난을 피하게 해주지 못합니다.

우리가 신앙생활을 하는 것은 어떤 상황이 언제 닥칠지라도 의연하게 그 사태를 맞이할 수 있도록 준비된 삶을 살기 위해서입니다. 사도 바오로가 '여러분은 지금이 어느 때인지 알아야 합니다. 여러분이 잠에서 깨어나야 할 때가 왔습니다.' 하고 말씀하신 이유가 바로 여기에 있습니다.

우리는 모든 것이 불확실한 가운데 살고 있습니다. 그러나 분명하고 확실한 사실 한 가지를 알고 있습니다. 우리가 하느님의 자녀라는 사실, 이 땅에 살지만 이 땅에 속한 사람이 아니라 하느님께 속한 이미 구원받은 사람이라는 사실입니다.

우리의 삶이 이 세상에 속한 사람들과 같을 수는 없습니다. 하느님의 자녀다운 삶, 이미 구원받은 사람다운 삶을 살아야 한다는 말씀입니다. 내가 누구인지를 아는 것, 그리고 나의 신분과 처지에 걸맞은 생활을 하는 것이야말로 사도 바오로께서 말씀하신 깨어 있는 삶을 사는 것입니다.

좀 더 구체적으로 어떻게 사는 것이 하느님 자녀답게 사는 것입니까? 사도 바오로는 '어둠의 행실을 벗어버리고 빛의 갑옷을 입어라'고 권고합니다. 어둠의 행실이란 '진탕 먹고 마시고 취하거나 음행과 방종에 빠지거나 분쟁과 시기를 일삼는' 행위를 말합니다.

이 땅에서의 삶이 전부이기나 한 것처럼, 찰나의 향락에 몸과 마음을 다 빼앗기고 산다면, 어리석고 불쌍하기 짝이 없는 일입니다. 잠시 지나가고 말 거품 같은 현실에 자신의 모든 것을 내던진다는 것은 어리석은 일입니다. 그리고 잠시의 향락과 즐거움을 얻기 위하여 음행과 방종에 빠져서 사는 것처럼 어리석은 일이 없습니다.

지금 우리의 현실은 힘들고 어렵습니다. 내일을 예측할 수 없습니다. 그런데 하느님의 자녀요 예수님의 제자인 신앙인들마저 세태에 편승하여 진탕 먹고 마시고 취하며 음행과 방종을 일삼는다면 이 사회는 희망 없는 지옥이 되고 맙니다.

신앙인들의 삶은 이 세상에 속한 사람들과는 달라야 합니다. 사도 바오로는 '빛의 갑옷을 입으라'고 권고합니다. '빛의 갑옷을 입는다는 것'은 주님이요 스승이신 '예수 그리스도로 온 몸을 무장하는 것'을 말합니다.

세상에 속한 사람들은 세상의 요구와 법칙에 따라서 삽니다. 그래서 그들은 '음행과 방종에 빠지거나 분쟁과 시기를 일삼게 됩니다.' 이런 삶 속에는 아무 희망도 없고 기쁨도 없습니다. 음행과 방종 가운데서 찰나적 향락을 누릴 수 있을 것입니다. 그러나 그 끝은 고통과 파멸입니다. 이기적인 욕망 때문에 분쟁과 시기를 일삼으면서 작은 이득을 얻을 수 있을 것입니다. 그러나 이렇게 해서 그들이 만들어내는 것은 지옥입니다.

   우리는 하느님의 자녀이기 때문에 아버지 하느님의 말씀이 우리 삶의 길잡이입니다. 그리고 스승 예수님의 가르침이 우리의 무기입니다.
   어두운 곳에는 빛이 있어야 합니다. 빛이 있으면 어둠은 물러가게 되고, 그 빛은 우리가 나아갈 길을 밝혀줍니다. 스승 예수님이 우리의 빛입니다. 어두운 이 시대를 바르게 살아가는 방법은 빛이신 예수님의 뒤를 따르는 것입니다.
   암울한 시대, 악마의 세력이 판을 치는 시대를 잘 살아가기 위해서 단단히 무장을 하여야 합니다. 예수님의 가르침이 우리를 지켜주는 무기입니다. 우리가 예수님의 가르침으로 무장하고, 그 가르침대로 산다면 세상살이가 아무리 험하고 거칠어도 염려하거나 두려워하지 않아도 됩니다. 우리를 향해서 다가오는 그 어떤 시련과 유혹도 거뜬히 극복할 수 있습니다.

   오늘부터 대림절(待臨節)이 시작됩니다. 주님의 오심을 기다리는 시기입니다. 재림의 시간은 도둑처럼 찾아옵니다. 갑자기 닥치는 사고나 죽음처럼, 주님의 재림도 그렇게 우리 앞에 닥치게 됩니다. 우리가 하느님의 자녀답게, 스승 예수님의 제자답게 잠에서 깨어나 빛이신 주 예수 그리스도로 무장하고 살고 있다면, 그날은 우리에게 구원의 날이요 승리의 날이 됩니다.

'지금' 그리고 '여기'서 하느님 자녀답게 빛의 갑옷을 입고 사시기 바랍니다. 매일의 삶이 기쁘고 행복할 것입니다.

대림 제2주일
- 이사야 11, 1-10
- 로마 15, 4-9
- 마태오 3, 1-12

회개 – 자신을 태우는 삶

제대 앞에는 대림환이 있고, 두 개의 촛불이 켜져 있습니다. 성탄 대축일에 가까이 다가갈수록 켜지는 촛불의 수는 하나씩 늘어나고 네 개의 촛불이 모두 밝혀지면 성탄 대축일이 됩니다.

이 촛불은 성탄 대축일을 기다리는 우리들의 삶의 자세를 나타냅니다. 동시에 재림하실 예수님을 기다리는 우리의 삶이 어떠해야 하는가를 말해주고 있습니다.

재림하실 주님을 기다리는 우리들의 삶은 한 자루의 촛불과 같은 것이어야 합니다. 자기 스스로를 태워서 주위의 어둠을 밝히는 촛불 같은 삶, 그것이 재림하실 주님을 맞이하는 신앙인들의 삶의 자세입니다.

초는 자신을 태워 희생함으로써 주위의 어둠을 밝힙니다. 하느님의 자녀요 주님의 제자인 우리들의 삶도 그러하여야 합니다.

예수님께서 어떻게 사셨는지 생각해 보십시오. 그분은 우리 죄인들과 함께 사시기 위해서 비천한 목수가 되어 이 땅에 오셨습니다. 그분은 이 땅에서 죄인들과 세리들과 창녀들과 내쫓긴 사람들을 사랑하시기 위하여 당신의 모든 것을 내어주셨습니다. 그리고 끝내 십자가 위에서 당신의 목숨마저 내어 주셨습니다.

그분은 촛불처럼 당신의 모든 것을 태우셔서 우리를 구원하셨고, 죽음과 어둠의 세력을 물리치셨습니다. 우리가 예수님을 주님이라고, 그리스도라고 고백하는 이유도 여기에 있습니다.

그렇다면 그분의 다시 오심을 기다리는 우리들의 삶은 어떠해야 합니까? 말할 필요 없이 그분을 닮아야 합니다. 즉 촛불과 같아야 합니다.

지금 여러분들의 삶은 타는 촛불처럼 밝고 따뜻합니까? 여러분들의 가슴은 지금 기쁨과 감사로 가득 차 있습니까? 무엇 때문에 여러분들의 가슴은 기쁨과 감사로 가득 차야 합니까? 스승이신 그리스도를 닮은 생활을 하고 있기 때문입니다.

우리가 사랑하고 용서하고 나누고 베푸는 생활을 하면서 자신을 태우고 있다면 먼저 우리 자신의 가슴부터 따뜻해지고 밝아집니다. 그리고 우리 주위가 밝아집니다. 우리 가정이 밝아지고 우리 직장이 밝아지고 이 사회가 밝아집니다.

우리 신앙인들의 삶은 구름 잡는 듯 추상적인 삶이거나 혹은 입으로만 "주여, 주여!" 하는 삶이이시는 안 됩니다. 이름뿐인 신앙인이 되어도 안 됩니다. 아주 구체적이고 실천적이어야 합니다. 여기

백 자루의 초가 있다 하더라도 불을 밝히지 않는다면 그 초는 아무 소용이 없습니다. 불 밝히지 않는 백 자루의 초보다는 스스로를 태우면서 빛을 내는 한 자루의 초가 더 값지고 소중합니다.

자신을 태우는 한 자루의 촛불처럼 가정과 직장과 이 사회를 밝히면서 살고 있는 여러분들 위에 하느님께서 은총과 축복이 풍성하게 내려 주십니다. 자신을 태우는 촛불처럼 사는 것이 다시 오실 주님을 맞이하기 위한 가장 합당한 준비가 됩니다.

오늘 복음에서 세례자 요한은 이렇게 외칩니다. "회개하여라. 하늘나라가 가까이 왔다." 세례자 요한의 외침대로 지금은 구원의 시간이자 하늘나라를 맞을 준비를 해야 할 시간입니다.

세례자 요한이 선포했고 지금 우리가 누리고 있거나 기다리고 있는 하느님 나라란 어떤 것입니까?

하느님 나라를 돈으로 살 수 있습니까? 하느님 나라를 유능한 건축사가 설계할 수 있습니까? 혹은 우리들이 하느님 나라를 건설할 수 있습니까? 우리는 하느님 나라를 돈으로 살 수도 없고 설계하거나 건축할 수도 없습니다.

하느님 나라란 무엇입니까? 하늘나라(天國)는 아버지이신 하느님께서 우리에게 선물해주시는 것입니다. 하늘나라는 하느님이 주도권을 가지고 계시는 나라입니다.

오늘 예언자 이사야는 하느님 나라에 대하여 이렇게 노래하고 있습니다.

"늑대가 새끼 양과 함께 살고 표범이 새끼 염소와 함께 지내리라. 송아지가 새끼 사자와 더불어 살쪄 가고 어린아이가 그들을 몰고 다니리라. 암소와 곰이 나란히 풀을 뜯고 그 새끼들이 함께 지내리라. 사자가 소처럼 여물을 먹고 젖먹이가 독사 굴 위에서 장난하며 젖 떨어진 아이가 살무사 굴에 손을 디밀리라."

듣기만 해도 가슴이 울렁거리지 않습니까? 하늘나라는 하느님께서 사랑과 평화로 주권을 행사하는 나라입니다. 그 나라에는 서로 잡아먹거나 죽이거나 싸우고 다투는 일이 없는, 늑대와 새끼 양이 서로 어울리는 나라, 표범과 새끼염소가 함께 뒹굴고 사자와 송아지가 함께 풀을 뜯고 어린아이가 그들을 몰고 다니며 장난치는 나라입니다. 완전한 평화와 행복으로 충만한 곳이 하느님 나라입니다. 생명으로 충만한 나라, 사랑으로 하나 되는 나라가 하느님 나라입니다.

인류는 긴 세월 동안 이런 나라가 도래하기를 갈망하고 있습니다. 지금도 인류의 꿈은 하늘나라(天國)의 현실이 도래하는 것입니다.

많은 정치가들과 지도자들이 이런 나라를 만들겠노라고 호언장담합니다. 선거철이 되면 우리는 곧 천국 같은 나라가 올 것이라는 환상에 사로잡힙니다. 국회의원이나 대통령이 되겠다는 사람들이 너나없이 이 나라를 천국처럼 만들겠노라 공약합니다. 그렇지민 선거가 끝나고 나면 그들의 약속이 허황된 말장난이었음을 알게 됩니다.

하느님 나라는 인간이 돈으로 사거나 설계하거나 혹은 건축할 수 없습니다. 더더욱 정치하는 사람들이 만들어 낼 수 있는 나라가 아닙니다. 다시 오시는 예수님을 통하여 하느님께서 우리들에게 선물하실 수 있을 뿐입니다.

이런 하느님 나라를 얻기 위해서 어떻게 해야 합니까? 오늘 세례자 요한은 "회개하여라"고 외칩니다. 회개(悔改)하는 사람만이 하느님 나라를 누릴 수 있습니다. 회개하는 길만이 하느님 나라를 받아들일 수 있고 누릴 수 있는 유일한 길입니다.

하늘나라를 누릴 수 있는 조건인 회개(悔改)란 무엇입니까? 회개는 자기 비움입니다. 재물과 돈에 대한 탐욕에 빠진 사람, 권력과 지위에 대한 욕망에 사로잡힌 사람, 향락에 탐닉하며 애욕에 빠진 사람들은 하늘나라를 누릴 수 없습니다. 채울 수 없는 욕망의 늪에 빠져서 몸부림치는 동안 그는 지옥을 살 수밖에 없습니다.

하느님 나라는 하느님만이 선물로 내려주시는 은총입니다. 하느님 나라를 선물 받기 위해서는 우리의 가슴이 비워져야 합니다.

온갖 세상 걱정과 물질에 대한 탐욕과 이기심, 미워하고 증오하는 마음과 시기 질투하는 마음을 가슴에 가득 채우고 있는 한 하늘나라를 받아 누릴 수 없습니다. 쓰레기 더미 같은 이런 욕망에 사로잡혀 있는 한 우리는 지옥을 면치 못합니다. 하느님 나라는 깨끗하게 청소된 가슴을 지닌 사람들에게 선물로 주어집니다.

회개는 비움이요 버림입니다. 세상일에 대한 온갖 걱정과 염려를 내버리고 하느님께 대한 믿음으로 가슴을 채우는 것, 돈과 재물에 대한 탐욕과 집착을 버리고 맑고 밝고 향기로운 가난한 마음으로 가슴을 가득 채우는 것, 미움과 증오, 원망과 원한을 버리고 사랑과 용서로 가슴을 채우는 것, 시기 질투하며 이웃이 잘못되기를 바라는 옹졸한 마음을 버리고 너그럽고 여유 있는 아량과 관용의 마음을 가지는 것, 이것이 회개입니다.

하느님을 향해서 자기 삶의 방향을 바꾸어 놓으면 하늘나라가 바로 거기에 있습니다. 회개는 막연한 생각이거나 구름 잡듯이 추상적인 어떤 것이 아니라, 아주 구체적이고 현실적인 것입니다.

오늘 세례자 요한은 이렇게 말합니다. "회개에 합당한 열매를 맺어라."

회개했다는 사실이 행실로 드러나게 될 때 우리의 삶은 앞에서 말씀드린 대로 한 자루의 촛불과 같은 삶이 되고 우리 주위의 어둠이 사라지게 됩니다. 하느님 나라는 이렇게 구체적인 모습으로 회개의 생활을 하는 우리들에게 열매로 맺어지는 것입니다.

오늘 세례자 요한은 모인 사람들에게 이렇게 외칩니다. 세례자 요한의 이 말씀은 오늘 우리를 향한 말씀이기도 합니다.

"회개에 합당한 열매를 맺어라. 그리고 '우리는 아브라함을 조상으로 모시고 있다'고 말할 생각일랑 하지 말라. 내가 너희에게 말하는데, 하느님께서는 이 돌들로도 아브라함의 자녀들을 만드실 수 있다."

세례자 요한의 말을 들으려고 모였던 이스라엘 사람들은 아브라함의 후손이라는, 혹은 하느님으로부터 뽑힌 백성이라는 사실 한 가지만으로도 하느님 나라를 차지할 수 있으리라 생각하고 있었습니다.

세례자 요한은 그들의 이런 생각을 근본적으로 뒤엎어 버립니다. 아브라함의 후손이라는 이름 혹은 아브라함의 후손이라는 지위로는 하느님 나라를 얻을 수 없다는 것입니다.

이스라엘 백성들이 비록 하느님으로부터 뽑힌 선민이라 할지라도, 회개하지 않으면 하느님 나라는커녕, 찍혀서 불 속에 던져지는 나무 신세가 되거나, 꺼지지 않는 불 속에 던져지는 쭉정이 신세가 된다는 경고입니다.

오늘 우리가 예수님을 스승이요 주님으로 믿고 삼위일체 하느님의 이름으로 세례를 받아서 하느님의 자녀가 되었지만 구체적인 모습으로 회개의 생활을 하지 않는다면 하느님 나라를 누릴 수 없습니다. 천주교 신자라는 이름이, 신부나 수도자라는 신분이 하느님 나라를 보장해주지 않습니다. 회개하는 생활로 자신의 가슴을 깨끗이 비우고 거듭나는 생활을 하는 사람만 하느님 나라를 누릴 수 있습니다.

지난날 우리가 어떤 모습으로 살았는지 혹은 어떤 과오와 인간적인 약점으로 얼룩진 생활을 했는지 따위는 중요하지 않습니다. 지금 현재가 중요합니다. 하느님 나라는 지금 여기 와 있고 지금이 구원의 시간이며, 여기가 하느님 나라를 누려야 할 자리이기 때문입니다.

따라서 회개하는 것을 내일로 미루거나 나중에 해도 괜찮은 것이 아닙니다. 지금 당장 해야 합니다.

성탄 대축일이 다가오고 있습니다. 잘 준비하여 성탄 대축일을 기쁘게 맞이해야 합니다. 그러나 우리에게는 성탄 대축일보다 지금 이 시간이 더 중요합니다. 회개하여 지금 여기서 촛불처럼 환하게 어둠 밝히는 생활을 한다면, 지금 여기서 하느님 나라를 누리게 되고 다가오는 성탄 대축일노 더 큰 은총과 축복 속에서 맞이하게 됩니다.

회개하여 지금 여기서 천국을 누리는 거룩한 대림절이 되기를 축원합니다.

대림 제 3주일
- 이사야 35,1-6.10
- 야고보 5,7-10
- 마태오 11,2-11

기쁨을 꽃피워라

주님의 재림을 기다리면서 대림절을 지내고 있는 우리는 말씀의 전례를 통하여 희망 가득 찬 기쁨의 소식을 듣습니다.

세례자 요한은 불같은 성격을 지닌 사람입니다. 그는 불의를 보고 참지 못하고, 부정을 견디지 못하는 성격의 소유자입니다. 그는 대단한 독설가(毒舌家)이기도 합니다. 세례자 요한은 세례를 받으러 몰려왔던 바리사이파 사람들과 사두가이파 사람들을 향해서 거침없이 '독사의 족속들'이라고 몰아붙입니다.

이런 성격의 소유자 세례자 요한은 갈릴레아의 영주 헤로데의 부정을 눈감아 줄 수 없었습니다. 헤로데는 본처를 내쫓고 동생 필립보의 아내인 제수 헤로디아를 빼앗아서 자기 아내로 삼습니다. 헤로데의 이런 불륜과 부도덕을 공개적으로 고발한 세례자 요한은 무사할 수 없었습니다. 그는 헤로데와 그의 간부(姦婦) 헤로디아의 미움을 사게 되어서 갇히는 신세가 됩니다.

헤로데는 세례자 요한을 마케루스 요새의 토굴 속에 감금합니다.

요르단강 주변의 광야를 사자처럼 뛰어다니면서 회개를 촉구하던 세례자 요한에게 마케루스의 토굴은 답답한 지옥입니다.

요한을 더욱 답답하고 조바심 나게 하는 것은 자기 뒤에 오신 구세주 메시아가 도대체 어떤 인물인가 하는 점입니다. 세례자 요한은 뒤에 오실 구세주 메시아가 회개하지 않는 악의 무리들과 아무 열매 맺지 못하는 악마의 졸개들을 엄하게 징벌하고 심판하리라는 기대를 가지고 있습니다.

그는 이렇게 말합니다.

"내 뒤에 오시는 분은 나보다 더 큰 능력을 지니신 분이시다. 그분께서는 너희에게 성령과 불로 세례를 주실 것이다. 또 손에 키를 드시고 당신의 타작마당을 깨끗이 하시어, 알곡은 곳간에 모아들이시고 쭉정이는 꺼지지 않는 불에 태워 버리실 것이다."

세례자 요한은 마케루스의 토굴 속에서 이 세상이 끝장나는 것을 보고 싶어 합니다. 구세주 메시아가 알곡을 거두어들이듯이 착한 사람들은 거두어들이고 회개하지 않는 악한 무리들을 하늘에서 유황불을 쏟아 모조리 불태워 버리는 광경을 보고 싶어 합니다. 분명히 자기 뒤를 이어 구세주 메시아는 왔지만 아무리 기다려도 이런 일은 벌어지지 않습니다.

성급한 세례자 요한은 제자들을 예수님께 보냅니다. 그리고 묻습니다.

"오실 분이 선생님이십니까? 아니면 저희가 다른 분을 기다려야 합니까?"

예수님은 이렇게 대답합니다.

"요한에게 가서 너희가 보고 듣는 것을 전하여라. 눈먼 이들이 보고 다리저는 이들이 제대로 걸으며, 나병 환자들이 깨끗해지고 귀먹은 이들이 들으며, 죽은 이들이 되살아나고 가난한 이들이 복음을 듣는다. 나에게 의심을 품지 않는 이는 행복하다."

예수님의 이 대답은 오늘 제 1독서에서 들은 예언자 이사야의 말씀입니다. 구약성서에 정통하고 있던 세례자 요한은 예수님의 이 대답이 무슨 뜻인지 알아듣습니다.

예수님은 예언자 이사야가 예언했던 바로 그 인물, 온 이스라엘 백성들이 기다리고 고대하던 그 메시아입니다. 그러나 세례자 요한이 기대하던 그런 메시아는 아닙니다.

세례자 요한은, 구세주 메시아가 오시면 이 세상 악의 무리들과 더럽고 냄새나는 쓰레기 같은 인간들을 모조리 쓸어서 지옥 불에 집어던지고, 깨끗하고 아름다운 새 세상을 만들 것이라고 믿었습니다. 그러나 세례자 요한의 기대는 모두 빗나갔습니다. 속이 후련할 일은 벌어지지 않았기 때문입니다.

우리가 대림절을 지내면서 기다리는 재림하실 주님은 어떤 분입니까? 세례자 요한이 기대했던 것과 같이, 심판과 징벌을 통해서 새 세상을 만드시는 무섭고 엄한 분입니까? 노아 홍수 때처럼 온갖 부정과 부패, 부도덕과 타락을 물로써 씻어내실 그런 주님입니까? 아니면 소돔과 고모라를 유황불로 쓸어버리듯이, 그렇게 하늘에서 불을 내려 쓰레기를 태우듯이 죄악과 타락으로 더럽혀진 이 세상을 말끔히 청소하고 새롭고 깨끗한 세상을 만드실 분입니까?

우리가 기다리는 주님은 그런 분이 아닙니다. 재림하실 주님이 세례자 요한이 생각했던 것처럼 심판과 징벌을 통해서 새 세상을 만드실 분이라면 우리는 모두 절망하고 말 것입니다.

누가 주님 앞에 죄 없다고 자신하면서 나설 수 있습니까? '털어서 먼지 나지 않는 사람 없다'는 속담처럼, 이 세상의 모든 사람들은 죄인들입니다. 우리가 착하고 성실하게 살려고 노력한다 해도 우리는 죄인입니다.

다시 오실 예수님이 심판과 징벌을 통해서 새 세상을 만드시는 분, 청소부처럼 흠 있고 더러운 것은 모두 쓸어서 깨끗한 세상을 만드시는 분이라면 우리는 두려움과 공포에 떨면서 절망할 수밖에 없습니다. 우리는 죄인이기 때문입니다.

우리가 지금 기다리는 분, 다시 오실 예수님은 그런 분이 아닙니다. 재림하실 주님은 심판하거나 징벌을 내리심으로서 새 세상을 만드실 분이 아닙니다. 그분은 심판과 징벌이 아니라 사랑과 자비와 용서로 상처를 치유해 주시고, 미움과 증오로 쌓인 담을 헐어 모든 사람들이 하나가 되게 하시고, 서로 싸우며 갈라졌던 사람들을 화해시켜서 새 세상을 만드시는 분입니다.

제 1독시에서 예언자 이사야는 주님이 재림하시면 벌이질 일에 대해서 이렇게 노래합니다.

"광야와 메마른 땅은 기뻐하여라. 사막은 즐거워하며 꽃을 피워라. 수선화처럼 활짝 피고 즐거워 뛰며 환성을 올려라. 그때에 눈먼 이들은 눈이 열리고 귀먹은 이들은 귀가 열리리라. 그때에 다리저는 이는 사슴처럼 뛰고 말 못하는 이의 혀는 환성을 터뜨리리라. 주님께서 해방시키신 이들만 그리로 돌아오리라. 그들은 환호하며 시온에 들어서리니 끝없는 즐거움이 그들 머리 위에 넘치고 기쁨과 즐거움이 그들과 함께하여 슬픔과 탄식이 사라지리라."

얼마나 희망차고 기쁨에 넘치는 소식입니까? 소경을 보게 하는 분, 귀머거리의 귀를 열어 듣게 하는 분, 절름발이를 제대로 걷게 하고 벙어리의 혀를 풀어 하느님을 찬양하게 하실 분, 그리고 우리의 눈에서 눈물과 한숨을 거두어 주실 분이 다시 오실 주님입니다.

지금 우리가 살고 있는 이 세상이 거칠고 험하다 하더라도, 우리 스스로의 나약함과 결점 때문에 인생살이가 고달프다 하더라도, 우리가 절망하거나 좌절하지 않고 기쁘게 살아야 하는 이유는, 하느님을 아버지로 믿고 예수님을 그리스도로 믿고 있는 우리에게 희망찬 미래가 기다리고 있기 때문입니다. 우리는 머리를 들고 희망과 기쁨에 가득 찬 생활을 해야 합니다.

하느님을 아버지로, 예수님을 주님으로 받들어 섬기는 신앙인들은 기쁨과 감사로 가득한 생활을 해야 합니다. 대자대비하신 하느님이 우리의 아버지이시고, 스승 예수님이 다시 오실 주님이시기 때문입니다. 다시 오실 예수님은 심판하고 벌하시는 분이 아니라 용서하시고 상처를 감싸 치유하시어 우리를 하늘나라로 불러들이

십니다.

사도 야고보는 제 2독서에서 이렇게 말합니다.

"형제 여러분, 주님의 재림 때까지 참고 기다리십시오. 땅의 귀한 소출을 기다리는 농부를 보십시오. 그는 이른 비와 늦은 비를 맞아 곡식이 익을 때까지 참고 기다립니다. 여러분도 참고 기다리며 마음을 굳게 가지십시오, 주님의 재림이 가까웠습니다."

세상이 야박하다고 불평하지 말고, 인생살이가 고달프다고 한탄하지 말고 주님께 희망과 신뢰를 두고 기쁘게 살면 바로 여기 하느님의 은총과 축복이 있고 새 세상이 열리게 됩니다.

주님의 재림을 기다리는 지금은 구원의 시간이요 은총의 때입니다. 오늘 예수께서 이렇게 말씀하십니다.

"나에게 의심을 품지 않는 이는 행복하다."

예수님을 의심하는 사람들은 매일 불안하고 염려스러운 생활을 하게 됩니다. 부모를 믿지 못하는 아이들이 정서적으로 불안하고 빗나가는 것처럼, 예수님을 바르게 믿지 못하고 그분을 신뢰하지 않는 사람들도 늘 불안하고 근심 걱정하게 됩니다.

심판과 징벌이 아닌, 사랑과 자비와 용서로 우리를 하늘나라에 불러주실 예수님을 기다리는 여러분들에게 기쁨과 축복의 나날이 이어지기를 기원합니다.

우리는 사랑과 자비와 용서로 다가오시는 주님을 맞이하기에 합당한 자세로 살아야 합니다. 주님께서 심판과 징벌이 아닌 사랑과 용서로 다가오신다 하더라도 그분의 사랑과 용서를 받아들일 수 있는 자세가 되어 있지 못하다면, 그것이 우리들에게는 심판이 됩니다.

부모의 사랑을 거부하는 자식들이 빗나가고 불행해지는 것처럼, 주님의 사랑과 자비를 받아들일 자세가 되어있지 못하는 사람들에게도 주님의 오심은 심판 됩니다.

대림절은 다시 오실 주님을 맞이하기 위하여, 그분의 사랑과 자비를 받아들이기 위하여 회개하는 때입니다. 미움과 증오, 원망과 원한, 탐욕과 이기심으로 가득 찼던 가슴을 비우고 사랑하고 용서하면서, 나누고 베풀면서 하늘을 향하여 활짝 가슴을 펼치십시오. 오시는 주님께서 여러분과 여러분의 가정에 기쁨과 평화 내려주시기를 간구합니다.

대림 제 4주일

- 이사야 , 10-14
- 로마 1,1-7
- 마태오 1,18-24

믿음의 큰 그릇, 요셉

'불멸의 이순신'이라는 TV 프로가 있었습니다. 저는 TV를 보지 않기 때문에 드라마 따위에는 관심이 없습니다. 그렇더라도 저는 이순신 장군을 존경합니다.

임진왜란을 맞아서 충무공 이순신은 왜적을 무찌르고 나라를 지키는데 큰 공을 세웠습니다. 그는 1598년 노량해전에서 왜군을 섬멸했지만, 왜군이 쏜 총탄에 맞아서 최후를 맞이합니다.

그는 오래 살아서 나라를 위해 더 큰 공을 세우고 싶었습니다. 그러나 하늘은 그에게 다른 길을 요구합니다. 살아서 공을 세우기보다 죽어서 나라를 위하는 일이 무엇인지 후손들에게 가르쳐주기를 요구합니다.

그는 싸움이 끝날 때까지 군사들에게 자신이 왜군의 유탄에 맞았다는 사실을 알리지 말라고 당부합니다. 군졸들은 이충무공이 유탄에 맞아서 죽었다는 사실도 모르고 열심히 싸워서 왜군을 무찌릅니다.

충무공 이순신을 성웅(聖雄)이라고 합니다. 영웅(英雄)과 성웅의 차이를 아십니까? 영웅은 지력과 담력, 용맹이 뛰어나서 큰 업적을 남긴 사람을 말합니다. 그러나 성웅은 지력과 담력, 용맹이 뛰어난 사람이기도 하지만, 하늘의 뜻을 받아들일 줄 아는 큰 그릇을 가진 사람을 말합니다. 영웅은 자신의 욕망을 펼치려고 했던 인물이지만, 성웅은 하늘의 뜻을 펼치려고 했던 인물입니다.

충무공 이순신은 한때 원균 일당의 모함에 빠져서 사형 선고를 받습니다. 선조 29년, 1596년 2월의 일입니다. 그러나 조정의 몇몇 대신들의 반대로 사형만은 면하게 됩니다. 충무공 이순신은 수군통제사 자리를 원균에게 내주고 권율 장군 밑에서 백의종군하여 나라를 지키는데 헌신합니다.

그는 늘 하늘의 뜻이 무엇인지 늘 읽습니다. 그리고 비록 하늘이 자기의 계획이나 생각과 다른 것을 요구하더라도 겸허하게 하늘의 뜻을 받아들입니다. 충무공 이순신은 자기를 고집하지 않습니다. 하늘은 그가 옳았다는 것을 증명해 줍니다. 충무공 이순신 장군이 유명한 영웅들과 다른 점이 바로 여기에 있고, 우리는 그를 영웅이라 하지 않고 성웅이라 합니다.

하느님은 자기를 비우고 하늘의 뜻을 받아들이는 인물을 통해서 당신의 큰 뜻을 펼칩니다. 그가 위기의 시대에 나라를 구할 수 있었던 것도 하늘의 뜻을 겸허하게 받아들이는 사람이었기 때문입니다.

한편, 하늘은 자신을 고집하고 허세를 부리는 사람에게는 채찍을 내립니다. 오늘 우리가 당하고 있는 경제적인 어려움이나 정치적인 혼란도 권력자들과 기업가들이 하늘의 뜻을 헤아리지 못하고 자기를 고집하면서 허세를 부리기 때문에 당하는 고통입니다.

누군가 무너지고 있는 이 사회를 떠받쳐야 합니다. 개인의 명예와 안락보다 국민과 나라를 위하고, 하늘의 뜻을 헤아리는 충무공 이순신 같은 분들이 있어야 한다는 말입니다. 신앙인들이 이런 역할을 담당해야 하지 않겠습니까?

제대 앞 대림환에는 네 개의 촛불이 켜져 있습니다. 성탄 대축일이 임박했음을 알리는 표지입니다. 동시에 재림하시는 예수님을 맞이하기 위해서는 저 촛불처럼 자신을 태워서 어둠을 밝히는 생활을 해야 한다는 사실을 말해주고 있습니다. 무너지고 있는 이 사회를 떠받치기 위해서 우리는 저 촛불처럼 자신을 희생하면서 하늘의 뜻을 따르는 생활을 해야 합니다.

오늘 복음을 통해서 성모 마리아의 남편이자 예수님의 아버지인 목수 요셉을 만납니다. 성탄 대축일이 임박한 이 시점에 우리가 목수 요셉을 만나는 이유가 있습니다. 우리가 저 촛불처럼 자신을 태우면서 환하게 살기 위해서, 그리고 우리 가슴 한가운데 오시는 예수님을 모셔 들이기 위해서 더도 덜도 말고 목수 요셉처럼 살아야 하기 때문입니다.

성서의 족보에 의하면 목수 요셉은 다윗 가문의 후손입니다. 다윗 왕가는 몰락해서 역사의 저편으로 사라진 지 오래되었지만, 요셉은 왕족의 피를 타고 태어난 사람입니다.

요셉이 호구지책으로 톱질과 대패질을 하면서 이웃의 부서진 문짝이나 가구들 그리고 세간들을 고쳐 주는 목수이기는 하지만, 그의 기개는 그가 왕족임을 말해줍니다. 요셉은 터무니없이 자신의 혈통이나 가문을 내세우면서 허세를 부리는 그런 인물은 아닙니다.

나자렛 시골 마을에서 이름 없는 목수로 살아가고 있는 요셉에게는 작은 꿈이 하나 있습니다. 건강하고 성실한 청년이라면 누구나 가지는 평범한 꿈입니다.

그의 꿈은 이웃 마을에 살고 있는 정숙하고 예쁜 처녀 마리아와 결혼하여 단란하고 행복한 가정을 이루는 것입니다. 요셉은 마리아와 약혼한 사이고, 마리아 역시 요셉을 사랑하고 있습니다. 요셉이 고된 목수 일을 하면서도 기쁨을 잃지 않았던 것은 이런 작은 꿈을 가지고 있었기 때문입니다.

그러나 인생살이란 계획하고 꿈꾸는 대로 이루어지지 않습니다. 인생살이는 하늘의 큰 뜻 한가운데서 이루어지는 것이고, 우리는 하늘의 그 큰 뜻을 다 헤아리지 못합니다.

때로 하늘은 나의 생각이나 계획과는 전혀 다른 길을 요구합니다. 하늘의 요구가 나의 계획이나 생각과는 전혀 다른 것일 때, 갈등과 고뇌에 빠지게 됩니다.

하늘의 뜻을 따르려면 나를 비우고 죽여야 하고, 나의 욕망을 충족시키기 위해 나를 주장하고 고집하게 되면 하늘의 뜻을 외면해야 합니다. 목수 요셉의 고뇌도 여기에 있었고 신앙인으로서 신앙생활을 하는 우리들의 고뇌도 여기에 있습니다.

우리 신앙인으로서 나날의 삶은, 하느님의 말씀과 가르침을 따를 것인지, 나의 생각과 고집을 주장하면서 그것을 관철하기 위해서 노력할 것인지 결단을 내려야 하는 고뇌의 삶입니다. 하늘은 언제나 자신을 겸허하게 비우면서 하늘의 뜻을 찾는 인물을 통해서 큰일을 합니다. 복음을 통해서 만나는 목수 요셉이 바로 이런 인물입니다.

요셉은 약혼녀 마리아의 몸에 변화가 일어나고 있다는 사실을 직감적으로 알았습니다. 마리아의 혼전임신을 눈치챈 것입니다. 결혼은 하지 않았지만 서로 장래를 약속한 사랑하는 사이였기 때문에 본능적으로 마리아의 혼전임신을 알아차립니다. 결혼을 앞둔 처녀가 임신했다면 그것은 간통의 증거입니다.

레위기 20, 10에는 이런 규정이 있습니다. "어떤 남자가 이웃의 아내와 간통하면, 간통한 남자와 여자는 사형을 받아야 한다." 율법 규정대로라면 마리아의 운명은 죽음입니다.

그러나 요셉은 이 사실을 세상에 알리려 하지 않습니다. 약혼녀 미리아의 혼전임신으로 가슴에 지울 수 없는 상처를 받기는 했지만, 요셉은 조용히 파혼함으로써 마리아와의 관계를 청산하려 합니다.

그러나 하늘은 요셉의 그런 소극적인 문제 해결 방법을 원하지 않습니다. 하느님께서는 요셉의 자기희생을 요구합니다. 파혼이라는 방법을 통해서 마리아와의 관계를 청산할 것이 아니라, 마리아와 마리아의 뱃속에 잉태된 아기를 책임지는 적극적인 문제 해결 방법을 요구합니다.

요셉은 깊은 고뇌에 빠집니다. 그러나 그는 하늘의 뜻을 헤아리고 받아들일 줄 아는 믿음 깊고 그릇 큰 남자입니다.

꿈에 나타난 천사는 요셉에게 이렇게 말합니다. "다윗의 자손 요셉아, 두려워하지 말고 마리아를 아내로 맞아들여라. 그 몸에 잉태된 아기는 성령으로 말미암은 것이다. 마리아가 아들을 낳으리니 그 이름을 예수라고 하여라. 그분께서 당신 백성을 죄에서 구원하실 것이다."

요셉은 자신의 작고 소박한 꿈을 포기하기로 결심합니다. 요셉은 더 나아가 자신을 죽이기로 작정합니다. 자신을 온전히 비우고 죽임으로써 하느님의 권능이 드러나는 자리가 되기로 작정합니다. 마리아와 파혼함으로써 그 문제로부터 도망치기보다 마리아의 남편이 되어서 마리아와 앞으로 태어날 예수의 울타리가 되어 주기로 작정합니다.

오늘 복음은 태어나실 구세주를 '임마누엘'이라고 부릅니다. '임마누엘'이란 '하느님께서 우리와 함께 계시다.' 라는 뜻입니다. 하느님께서 죄 많은 인류와 함께 계시게 된 것은 목수 요셉의 자기 비움과 죽음을 통해서 가능해진 일입니다. 목수 요셉은 자신의 꿈과 욕망을 모두 버려 가난한 사람이 되지만, 하느님께서는 그의 가난함과 비움을 통해서 이 땅에 한 사람으로 오실 수 있게 됩니다.

성서는 마리아의 남편이자 예수님의 아버지인 요셉에 대해서 많은 정보를 제공해 주지 않습니다. 그렇지만 복음사가 마태오가 전해 주는 이야기 이상의 정보가 더 필요하지도 않습니다.

하느님께서 구원 역사를 성취시키는 데는 요셉 같은 인물을 필요로 하십니다. 돌멩이들로 아브라함의 자손을 만드실 수 있는(마태 3,8-9) 하느님께서 무슨 일인들 못 하시겠습니까? 그러나 하느님께서는 당신의 뜻을 인간의 협력을 통해서 펼치시기를 원합니다.

하느님께서는 구원 역사를 펼치시는데 요셉이라는 큰 그릇을 가진 인물이 필요했듯이 오늘 이 시대를 구원하는데 우리들의 협력을 요구하고 계십니다. 하늘의 큰 뜻이 펼쳐질 수 있도록, 하느님의 권능이 이루어질 수 있도록 요셉처럼 우리 자신을 비우고 낮추는 생활을 합시다.

오늘 이 시대는 자기를 고집하고 주장하는 잘 나고 똑똑한 사람이 필요한 것이 아니라, 요셉 같은 어리석은 바보가 필요합니다. 여러분들이 모두 하느님으로부터 사랑받는 바보가 되기를 바랍니다. 이 땅에 오신 '임마누엘' 예수님께서 여러분 가슴 한가운데를 차지하시기를 기원합니다.

성탄 시기

태어나신 예수님

예수 성탄 대축일
- 이사야 9,1-6,
- 티토 2,11-14,
- 루카 2,1-14

그가 사랑하시는 사람들에게 평화!

하늘 높은 곳에는 하느님께 영광, 땅에서는 그가 사랑하시는 사람들에게 평화!

여러분들과 여러분의 가정에, 그리고 여러분들이 하시는 모든 일에 하느님의 대자대비가 넘치기를 기도합니다. 오늘 우리는 온 세상이 기뻐하는 예수님의 성탄을 맞았습니다. 이천 년 전 팔레스티나의 작은 고을 베들레헴의 동굴 마구간에서 태어나신 한 아기가 온 세상을 기쁘게 하고 있습니다.

예수님을 구세주 그리스도로 믿는 사람들이나 믿지 않는 사람들 모두에게 이날은 축복의 날이자 은총의 날입니다. 장사를 하는 사람들은 성탄 특수를 기대하면서 기뻐하고, 청소년들은 성탄 축제 때문에 가슴이 부풀어 있고, 어린이들은 성탄 선물을 기대하고 있습니다. 직장인들이나 공무원들은 하루의 노동을 쉴 수 있는 휴무일이어서 기뻐합니다.

어쨌든 온 세상 사람들이 이렇게 기뻐하는 것은 하느님의 은총이 구체적으로 드러났기 때문입니다. 물론 그리스도교인들이 성탄 대축일을 기뻐하면서 축하하는 것은 믿지 않는 사람들처럼 표면적으로 드러나는 축제일, 선물, 혹은 공휴일 따위 때문은 아닙니다.

예수님을 구세주 그리스도로 신앙고백하는 우리들이 이날을 기뻐하는 이유는 다른 데에 있습니다. 하느님의 대자대비가 예수님을 통해서 이 세상에 아주 구체적인 모습으로 드러났고, 하느님께서 죄로 얼룩진 이 세상과 이 세상에서 살고 있는 우리들을 얼마나 사랑하시는지 알게 되었기 때문에 그리스도교인들은 이날을 기뻐하고 있습니다. 하느님의 아들이 가난한 부모 사이에서 작고 약한 아기로 이 세상에 태어난 사건 속에서 구원의 길을 발견하였기에 기뻐하고 있습니다.

지금 우리의 지구촌은 내일을 예측할 수 없는 혼돈과 무질서 속에 잠겨 있습니다. 정치, 경제, 환경, 사회, 교육, 가정, 종교 등 모든 분야가 혼돈에 휩싸여 있습니다.

지금 세계 곳곳에서 전쟁과 분쟁이 벌어지고 있습니다. 우리나라 정치는 좌우 이념 대결로 싸움질만 하고 있습니다. 정치 현실이 불안한 것 못지않게, 환경 문제는 모든 생명체뿐 아니라 인류의 절멸을 향해서 나아가고 있습니다. 이 땅에는 이미 수많은 동물과 식물, 곤충들이 멸종당했거나 멸종의 위기에 처해 있습니다. 인간의 이기적인 탐욕이 환경을 파괴했고, 환경 파괴의 결과로 수많은 동식물과 곤충들이 사라졌습니다. 곤충들이 살지 못 하고 짐승과 새들이 살지 못 하는 세상에서 인간들도 살 수 없습니다. 머지않아서 사람들도 멸종할지 모릅니다.

환경 파괴의 결과로 초래된 기상 이변은, 하늘이 내리는 분명한 경고임에도 불구하고 인간들은 아직도 자연 파괴를 계속하고 있습니다.

이런 위기를 탈출하기 위해서 인류는 과학을 발전시켰습니다. 첨단 과학의 발전으로 하느님의 영역을 넘보게 된 인간들은 지금 엄청난 음모를 꾸미고 있습니다. 하느님을 내쫓고 인간들 스스로가 하느님이 되고자 하는 음모입니다.

유전자 공학의 발달로 사람을 대량으로 복제 생산할 수 있는 기술을 가지게 된 인간들은, 그 기술이 가져올 재앙보다는 돈벌이에 눈이 멀어서 스스로 무덤을 파고 있는 중입니다.

지난 20세기를 좌우 이데올로기가 좌우했다면, 앞으로 올 세기는 돈이 좌우할 것입니다.

며칠 전 대구에서는 막노동하는 아버지, 장애인 어머니를 둔 어린이가 굶어서 죽는 일이 벌어졌습니다. 장애인 어머니는 굶어 죽은 아이를 장롱 속에 넣어 두었습니다. 성당에서 찾아갔을 때 그 집 냉장고 안에는 먹을 것은 아무것도 없고 감기약만 있었습니다.

지금 우리가 경제적으로 대단히 어려운 시절을 살고 있지만, 못 다 먹고 버리는 음식쓰레기가 한 해에 8조 원에 달한다고 합니다. 그런데도 이웃이 굶어 죽는 일이 벌어지고 있습니다. 우리가 못살아서 그 어린이가 굶어 죽은 것이 아니라 사랑이 부족해서 그 어린이가 굶어 죽었습니다.

　어린 학생들이 힘없고 병든 친구를 왕따로 지목하여 괴롭히고 폭행하는 시대, 학교에서 학생들이 매질하는 선생을 고발하고, 자식에게 매질한다고 학부모가 아이들이 보는 앞에서 선생님을 폭행하는 시대, 경찰이 학교에서 선생님을 연행해 가는 인륜의 기본이 무너지고 있는 시대에 우리는 살고 있습니다.

　조목조목 헤아려 보니 우리가 몸담고 있는 현실은 그 어느 것 하나 병들지 않은 것이 없습니다. 이런 여러 현상들을 새로운 시대를 맞이하기 위한 진통이라고 생각할 수도 있겠지만, 그러나 사실은 인간의 오만함이 빚어낸 현상들입니다.

　그렇다고 해서 우리가 절망해야 할 이유는 없습니다. 하느님은 이렇게 혼돈과 무질서와 죄악으로 병든 이 지구촌과 죄 많은 인류를 사랑하시기 때문입니다.

　오늘 팔레스티나의 베들레헴에서 태어나신 아기 예수야말로 하느님께서 우리를 사랑하신다는 확실한 표지일 뿐 아니라, 병든 이 세상과 인류가 어떻게 하면 구원받을 수 있겠는가에 대한 대답이기도 합니다.

　얼마 전에 어느 수녀님으로부터 성탄 카드 한 장을 받았습니다. 그 카드 속에는 "주께서 말씀하신다 '내가 태어난 것은'"이라는 제목의 시가 적혀 있는 쪽지가 들어 있었습니다. 누가 지은 글인지는 모르겠지만 그 시의 내용은 이렇습니다.

"주께서 말씀하신다/ 내가 벌거벗은 채 태어난 것은/ 네가 자신을 포기해야 하는 것을 알리기 위해서이며,// 내가 가난하게 태어난 것은/ 네가 나를 유일한 부로 여길 수 있게 하기 위해서이며,// 내가 구유에 태어난 것은/ 네가 모든 환경이 거룩하다는 것을 배우게 하기 위해서이다.

주께서 말씀하신다/ 내가 약하게 태어난 것은/ 네가 나를 결코 두려워하지 않게 하기 위해서이며,// 내가 밤에 태어난 것은/ 네가 어떤 상황에서도 빛을 비추는 나를 믿게 하기 위해서이다.

주께서 말씀하신다/ 내가 인간으로 태어난 것은/ 네가 자신의 존재에 대해 부끄럽지 않게 하기 위해서이며,// 네가 사람으로 태어난 것은/ 네가 '하느님'일 수 있게 하기 위해서이며,// 내가 박해 중에 태어난 것은/ 네가 어려움을 잘 받아들이게 하기 위해서이며,// 내가 단순하게 태어난 것은/ 네가 복잡한 것을 버리게 하기 위해서이다.

주께서 말씀하신다/ 내가 네 생명 안에 태어난 것은/ 너희 모두를 아버지의 집으로 데려가기 위해서이다."

하느님께서 당신을 비우고 낮추셔서 죄로 얼룩진 이 땅에 한 아기로 태어났습니다. 하느님께서 죄악으로 얼룩진 이 세상과 사람을 벌하고 심판하기 위해서 이 땅에 오신 것이 아닙니다. 병든 이 세상을 자비의 두 손으로 얼싸안고 치유하기 위해서 오셨습니다. 하느님께서는 당신의 지고지엄을 모두 버리고 가난한 아기로 태어나서서, 병든 세상과 당신의 눈높이를 맞추셨습니다.

　구원의 시대는 이렇게 하느님의 자기 비움으로 시작됩니다. 하느님의 대자대비가 이렇게 눈에 보이는 모습으로 나타난 것이 성탄 사건입니다. 성탄은 죄 많은 인간을 하느님의 생명으로 초대하는 부르심입니다.

　그렇다면 이제 우리가 하느님의 부르심에 응답하여야 할 차례입니다. 더구나 하느님께서 하늘 저 높은 곳에서 우리를 부르시는 것이 아니라, 우리들 사이 가난한 부부의 아들로 태어나서 우리를 부르고 계십니다.

　하느님의 초대에 응답하고 하느님께서 베푸시는 대자비를 받기 위해서 이제는 우리가 자신을 낮추고 비워야 합니다. 사랑으로 오시는 하느님께 귀의하기 위해서는 우리도 가난한 가슴의 소유자가 되어야 합니다. 가난한 아기의 모습으로 오신 하느님의 아들을 우리 가슴 속에, 우리 삶 속에 받아들이기 위해서는 우리 자신이 가난한 사람이 되어야 합니다.

　성서는 성탄의 기쁜 소식을 제일 먼저 들었던 사람들이 들에서 양을 치던 목자들이었다고 증언합니다. 당시 이스라엘 백성들은 하나 같이 구세주의 오심을 고대하고 있었습니다. 그런데 왕족과 귀족들, 돈 많은 부자들, 그리고 경건하게 살면서 메시아 시대를 기다리던 사제들과 율법학자들과 바리사이파 사람들이 구세주 탄생의 기쁜 소식을 들었던 것이 아니라, 떠돌이 가난뱅이 목자들이 아기 예수의 탄생 소식을 들었습니다. 그리고 그들은 달려가서 구유에 누워있는 작은 하느님, 가난한 하느님을 만났습니다.

　짐승들의 먹이통인 구유를 요람 삼아 누워 계신 가난한 하느님은 가난한 가슴의 소유자만 만날 수 있습니다. 가난한 가슴만이 가난한 하느님을 하느님으로 맞아들일 수 있습니다.
　구유에 누우신 작은 하느님은 오만함으로 가득한 가슴에 어울리지 않습니다. 돈과 재물에 대한 탐욕으로 자신을 치장하고 있는 가슴은 가난한 하느님을 맞아들일 수 없습니다. 지위와 권세와 명예욕으로 가득한 가슴은 자신을 낮추신 작은 하느님과 어울리지 않습니다. 천진한 아기 하느님은 미움과 증오와 원망으로 가득 찬 가슴과는 어울리지 않습니다.

　아기 예수의 성탄은 대자대비하신 아버지 하느님께서 우리를 부르시는 목소리입니다. 들에서 양을 치던 목자들이 기뻐하며 달려갔듯이 우리도 하느님의 초대에 기쁘게 응답하고 하느님께 귀의합시다.
　하느님께서 사랑으로 우리를 찾아오시는데 우리가 그분의 부르심을 외면하면서 엉뚱한 곳에서 구원을 찾는다면 그것 자체가 심판입니다. 하느님께서 우리와 눈높이를 맞추려 낮은 곳으로 오셨는데 우리가 그분의 눈길을 외면한다면 그것 자체가 불행입니다.
　이제 우리는, 우리 가슴이 청빈한 구유가 되도록, 우리 가정이 따뜻한 마구간이 되도록, 우리 사회가 이름 없는 고을 베들레헴이 되도록 쓰레기 같은 것들을 치워야 할 때입니다. 인간을 향한 하느님의 사랑이 짝사랑이 되지 않도록, 우리 자신이 가난한 목자가 되어야 합니다.

비록 우리의 현실이 혼돈과 무질서, 죄악으로 병들어 있다고 하더라도 하느님의 손길을 붙잡기만 하면 새로움으로 거듭날 수 있습니다.

이 땅에 가난한 아기로 태어나신 예수님의 은총과 축복이 여러분과 여러분 가정에 충만하기를 기도합니다.

> **성탄 대축일**
> - 이사야 52,7-10,
> - 히브 1,1-6,
> - 요한 1,1-18

말씀이 사람이 되신 신비

하늘 높은 곳에는 하느님께 영광, 땅에서는 그가 사랑하시는 사람들에게 평화!

이 땅에 사람이 되어 태어나신 하느님의 아들 예수님의 은총과 축복이 여러분과 여러분의 가정에 풍성히 내리기를 기원합니다.

오늘 온 세상이 아기 예수의 탄생을 기뻐하면서 경축하고 있습니다. 하늘이 열리고 하느님의 아들이 이 땅에 오셨기 때문입니다. 죄와 죽음으로 깜깜하던 암흑의 땅에 구원의 빛이 비치기 시작했습니다.

오늘 성탄의 기쁨은 천주교인들과 개신교 신자들, 예수를 그리스도라고 믿는 기독교인들만의 기쁨은 아닙니다. 온 세상 모든 인류의 기쁨입니다.

하느님은 기독교인들만의 하느님의 아니라 만민의 하느님입니다. 만민의 아버지이신 하느님은 이스라엘 사람들만을 위해서 혹은 기독교인들만을 위해서 당신의 아들을 이 땅에 보내시지 않았습니다. 이 땅에 오신 구세주 그리스도가 유대인들 중의 한 사람으로 태어나셨지만, 하느님은 만민을 위해서 당신의 아들을 보내셨습니다. 그래서 이 날은 온 인류의 축제일이요 구원의 날입니다.

이 땅에 사람이 되어 오신 하느님의 아들의 축복이 민족과 국경의 차별이 없이, 종교와 종파의 차별이 없이, 가진 자와 못 가진 자의 차별이 없이 고루 내리기를 두 손 모아서 기도합니다.

이 기쁜 날 우리는 하느님의 아들이 이 땅에 오신 신비를 깨달아야 합니다. 깨달음을 얻는 것은 지식을 쌓는 것이 아닙니다. 강생의 신비, 즉 구원의 진리를 깨우치고 그 진리를 따라서 사는 것을 말합니다.

머릿속에 많은 지식을 가지고 있다 하더라도 그것을 생활 가운데서 실천하지 않는다면 그 지식은 구원과 아무 관계가 없습니다. 그리스도인들은 지식을 쌓는 사람들이 아니라 깨달음을 생활 가운데서 실천하는 사람들입니다.

하느님께서는 구태여 당신의 아들을 이 세상에 보내시지 않아도 인류를 구원하실 수 있습니다. 그러나 하느님은 성자의 강생 신비를 통해서 인류를 구원하시고자 하십니다.

인간은 하느님의 장난감이나 꼭두각시로 창조된 존재가 아니라, 하느님의 모상으로 창조된 존재입니다. 자유의지를 지닌 인간은 스스로 구원의 길을 찾을 수 있습니다. 물론 인간이 스스로 구원의 길을 만들어 낼 수는 없습니다. 인간은 구원을 설계할 수도 없고 하느님의 나라를 만들 수도 없습니다. 하느님께서 마련해 놓으신 구원의 길을 발견할 수 있고, 그 길을 걸어서 하느님 나라에 도달 할 수 있을 뿐입니다.

　구원의 길을 발견하는 것을 깨달음이라 하고, 발견한 그 길을 걷는 것을 신앙생활이라고 합니다. 깨달음에 도달하는 것이 쉽지 않고 깨달음을 일상생활 속에서 실천하는 것은 더더욱 어렵습니다.

　지난날 인간들은 온갖 욕망의 굴레와 인간 본성에 뿌리내리고 있는 부조리와 갈등 때문에 깨달음을 얻지 못했습니다. 지금도 욕망의 굴레를 벗어버리지 못한다면, 자신 안에 내재하고 있는 부조리와 갈등을 정직한 눈으로 바라보지 못하면 깨달음을 얻을 수 없습니다.

　하느님의 아들이 이 땅에 사람으로 오시기 전에 수많은 예언자들이 나타나서 하느님의 말씀을 선포했고 구원의 길이 어디에 있는지, 어떻게 사는 것이 구원의 길을 걷는 것인지를 가르쳤습니다. 불행하게도 인간들은 그 길을 발견하지도 못했고 그 길을 걷지도 않았습니다.

　사실은 구원의 길이 눈앞에 있었지만, 인간들은 어리석음과 탐욕에 눈이 멀어서 그 길을 보지 못했고, 자신 안에 깊이 뿌리내리고 있는 근원적인 부조리와 갈등을 극복하지 못해서 그 길을 걷지 못했습니다.

　만민의 아버지요 사랑과 자비로 충만하신 하느님께서는 어리석은 인간들이 언제까지나 그런 모습으로 암흑 속에서 방황하는 것을 내버려두시지 않았습니다. 말씀이요 빛이신 당신의 아들을 이 땅에 보내심으로써 어리석은 인간들이 진리요 빛 자체이신 그분을 직접 눈으로 보고 그분의 말씀을 직접 귀로 듣고 그분의 사는 모습을 눈으로 확인함으로써 깨달음을 얻도록 하셨습니다. 그리고 그분이 사셨던 것처럼 그렇게 살아감으로써 구원의 길을 걷도록 섭리하십니다.

여기 성탄의 신비가 있습니다. 오늘 우리가 들은 요한복음은 이 사실을 이렇게 말합니다.

"말씀은 하느님과 함께 계셨는데 말씀은 하느님이셨다. 모든 것이 그분을 통하여 생겨났고… 그분 안에 생명이 있었으니 그 생명은 사람들의 빛이었다. 그 빛이 어둠 속에 비치고 있지만 어둠은 그를 깨닫지 못하였다."

지금까지 인류 앞에 깜깜한 어둠만 있었다면, 하느님의 아들 곧 말씀이요 진리이며 빛이신 분이 이 땅에 사람이 되어 오셨음으로 빛이 비치기 시작합니다.

어둠 속에서 길을 찾기 위해서 방황했던 시간은 끝났습니다. 길을 찾지 못해서 절망하고 좌절하던 시절은 끝났습니다. 빛을 보고 그 빛을 따라가기만 하면 구원에 도달하게 되고 하느님의 나라를 차지하게 됩니다.

요한은 다시 이렇게 말하고 있습니다. "모든 사람을 비추는 참빛이 세상에 왔다."

 여기에 성탄의 기쁨이 있습니다. 구원의 빛, 진리의 빛, 생명의 빛이 모든 사람을 비추고 있습니다. 그 빛을 보고 그 빛을 따라가면 생명이 있고 평화가 있습니다. 모든 사람들이 온 누리를 두루 비추는 이 빛을 보고 생명의 길로 나와서 참 평화와 구원을 얻기를 진심으로 축원합니다.

 이제 우리는 이 땅에 빛으로 오신 하느님의 아들의 모습을 구체적으로 바라봄으로써 큰 깨달음을 얻을 수 있습니다. 그리고 이 땅에 오신 하느님의 아들의 모습을 통해서 구원의 길을 발견하게 됩니다.

 하느님의 아들은 가난하게 태어났습니다.

 돈과 재물을 행복의 척도로 생각하고 그것을 얻기 위해서 온갖 노력을 다하는 이 세상에 하느님의 아들은 가난하게 태어났습니다. 돈과 재물을 얻을 수만 있다면 빼앗고 사기치고 훔치고 죽이기를 마다하지 않는 세상에 하느님의 아들이 가난하게 태어나셨다는 것은 무엇을 의미합니까?

 탐욕은 인간을 눈멀게 합니다. 본래 우리는 이 세상에 태어날 때 아무것도 가진 것 없이 빈손으로 태어났습니다. 그리고 언젠가는 빈손으로 돌아가게 됩니다. 아무것도 가진 것 없이 빈손으로 태어났으니 빈손으로 돌아가는 것은 당연한 이치입니다.

 그럼에도 불구하고 어리석은 인생들은 무엇을 많이 차지하는 것이 행복을 얻는 것 인양 착각하고 많이 차지하기 위해서 빼앗고 훔치고 사기치고 심지어 죽이기를 마다하지 않습니다. 오늘 우리들이 겪는 불행의 근원은 바로 여기에 있습니다.

　인간의 구원과 행복은 무엇을 많이 차지하거나 가지는 데 있는 것이 아닙니다. 오히려 무엇을 많이 차지하거나 가지게 되면 그 무게에 짓눌려서 압사당하게 됩니다.

　그럼에도 사람들은 무엇을 많이 차지하기 위해서 온갖 수단과 방법을 가리지 않습니다. 많이 차지하면 할수록 많은 향락을 누릴 수 있기 때문입니다. 돈과 재물은 사람의 영혼과 양식을 마비시키는 향락을 제공합니다. 이렇게 향락을 제공하는 돈과 재물은 사람을 자신의 노예로 만듭니다.

　노예는 자유인이 아닙니다. 노예는 주인의 지시대로 움직일 뿐입니다. 노예는 살아있지만 살아있는 생명이 아니라 죽은 생명입니다. 노예는 눈을 뜨고 있어도 눈을 뜬 사람이 아니라 장님과 같습니다. 자신의 의지대로 살 수 없기 때문입니다.

　오늘 요한복음은 이렇게 말합니다. "그분께서 세상에 계셨고 세상이 그분을 통하여 생겼냈지만 세상은 그분을 알아보지 못하였다. 그분께서 당신 땅에 오셨지만 그분의 백성은 그분을 맞아들이지 않았다."

　무엇이 이 땅에 오신 그분을 알아보지도, 알아듣지도 못하게 합니까? 무엇이 그분을 맞이하지 못하게 합니까? 탐욕과 어리석음이 사람들을 눈멀게 하여 그분을 알아보지 못하게 합니다.

　이 세상 만물의 주인이신 하느님의 아들이 가난한 모습으로 이 땅에 오신 이유가 무엇입니까? 무엇을 깨우쳐 주시고자 하느님의 아들이 이렇게 가난하게 태어났습니까? 가난하게 이 땅에 오신 하느님의 아들을 보고 우리는 무엇을 깨달아야 합니까?

　하느님의 아들이 우리에게 가르치는 바는 가난함입니다. 가난이란 탐욕으로부터의 자유와 해방을 말합니다. 가난이란 우리를 쇠사슬처럼 칭칭 동여매고 있는 저 욕망의 굴레에서 해방됨을 말합니다. 가난함이란 바위처럼 우리를 짓누르고 있는 욕망과 이기심으로부터의 자유를 말합니다.

　하느님의 아들은 아무것도 소유하지 않고 가난하게 태어나셨기에 탐욕으로 병들고 눈먼 인간들을 구원하실 수 있었습니다. 성탄의 신비가 여기에 있습니다.

　이제 우리는 하느님의 아들 앞에서 우리의 모습을 보아야 합니다.

　하느님의 아들은 아무것도 가진 것 없이 이 땅에 태어났어도 온 세상 사람들에게 기쁨과 평화를 주고 있지 않습니까? 우리는 돈과 재물과 편리한 생활도구와 값비싼 옷과 보석과 장신구들을 가지고 우리를 치장하고 있으면서도 왜 이렇게 초라합니까? 우리는 지금 많은 것을 소유하고 있으면서도 왜 이렇게 허전합니까? 우리는 온갖 편리한 생활 도구를 사용하면서 온갖 안락과 향락을 누리고 있으면서도 왜 이렇게 부자유스럽습니까?

하느님의 아들이 이 땅에 사람이 되어 오신 성탄 사건은 어린이들이 좋아하는 동화 속의 이야기가 아닙니다. 어리석음과 탐욕으로 눈먼 인간들을 깨우치시고자 하느님께서 내리신 축복입니다.

우리가 탐욕의 굴레에서 해방되어 자유인이 되면 밝은 눈을 가지게 됩니다. 그때 우리는 우리 자신을 정직하고 맑은 눈으로 바라볼 수 있게 됩니다. 돈과 재물과 명예와 값비싼 옷과 장신구로 치장된 우리 자신이 아니라 하느님 앞에 벌거벗고 서 있는 초라한 우리를 보게 됩니다.

그때부터 우리는 눈을 우러러 하늘을 바라볼 수 있게 되고 하느님의 손길을 갈구하게 됩니다. 구원은 여기서부터 시작됩니다.

우리를 쇠사슬처럼 칭칭 동여매고 있는 탐욕으로부터 해방되어서 가난한 자가 되었을 때, 우리 눈이 밝아져서 우리 주위의 가난하고 힘없는 형제들을 볼 수 있게 됩니다. 그리고 자신이 가진 것을 나누어 줄 수 있게 됩니다. 가진 것을 나누게 되면, 혼자 움켜쥐고 있는 것보다 나누어 가지는 것이 얼마나 행복하고 풍요로운지 알게 됩니다. 구원은 여기서부터 시작됩니다. 천국은 여기서부터 시작됩니다.

아기 예수가 태어나신 구유 앞에서 서 봅시다. 바로 거기 천국이 있음을 볼 수 있습니다. 화려하고 호사스럽고 많이 가진 곳에 천국이 있는 것이 아니라, 초라한 외양간이라도 주님이 함께 계시는 곳이면 거기 천국이 있습니다. 거기 행복과 평화가 있습니다.

　우리의 가슴을, 우리의 가정을, 그리고 우리 본당을 작고 가난한 외양간으로 가꿉시다. 이 땅에 오신 하느님의 아들 예수께서 작은 외양간 같은 여러분의 가정에 은총과 축복으로 채워 주실 것을 두 손 모아 축원합니다.

성탄 대축일
- 이사야 2,7-10
- 히브리 1,1-6
- 요한 1,1-18

청정심(淸淨心)으로 맞아야 할 성탄

온 세상 사람들은 이 날을 기뻐하며 경축하고 있습니다. 온 세상 사람들이 이 날을 기뻐하면서 경축하는 이유가 무엇입니까?

하느님이 사람이 되셨기 때문입니다. 하늘이 땅으로 내려왔다는 말입니다. 하늘과 땅이 하나가 된 날이 오늘입니다. 기독교인이든 기독교인이 아니든 온 인류가 이 날을 기뻐하면서 경축하는 이유입니다.

인간은 흙으로 만들어진 육신을 지니고 있습니다. 그리고 온갖 욕망의 굴레 속에서 죄를 지으면서 살고 있습니다. 그렇더라도 인간은 머리를 하늘로 향하고 있습니다. 사람이 짐승과 달리 머리를 하늘로 향하고 있다는 것은 인간이 궁극적으로 가야할 곳, 인간이 궁극적으로 추구해야 할 가치는 하늘에 있다는 뜻입니다.

그러나 하늘은 인간이 닿기에는 너무 높고 아득할 뿐 아니라, 욕망의 굴레 속에서 인간이 쌓아놓은 죄악의 무게는 너무 무겁습니다. 그래서 인간은 자신이 저질러서 쌓아놓은 죄악의 무게에 짓눌

려서, 우러러 바라보는 하늘로 오르기는커녕 한 발짝 앞으로 나아
가는 것조차 힘들어졌습니다.

저 하늘이 온 우주를 감싸고 있듯이 하느님께서도 자비의 손길
로 온 우주를 감싸고 계십니다. 하느님 자비의 손길은 막연한 것이
아닙니다. 구체적입니다. 하느님 자비의 손길은 때로는 햇빛으로
때로는 빗줄기로 나타납니다. 때로는 신선한 공기로 때로는 계절
의 바뀜으로 나타납니다.

이렇게 나타나는 하느님 자비의 손길로 인간만 아니라 생명 있
는 모든 것들이 살아갑니다. 그러나 하루하루의 생명을 이어가는
것과 구원을 받아서 영원한 생명을 누리는 것은 차원이 다른 이야
기입니다.

인간들에게 나날의 생명을 이어가는 것도 중요하지만 그 나날의
생명을 뛰어넘어서 하느님의 생명에 참여하는 것이 더 중요합니
다. 그러나 욕망의 굴레 속에서 죄의 멍에를 메고 사는 우리가 어
떻게 하늘에 오를 수 있으며 어떻게 하느님의 생명에 참여할 수 있
겠습니까? 대자대비하신 하느님께서는 당신의 아들을 이 세상에
우리와 똑같은 사람으로 보내주셔서 하늘과 땅을 하나가 되게 해
주셔서, 인류는 예수님을 통해서 하늘에 오를 수 있게 됩니다. 감격
하고 감사해야 할 사건이 죄 많은 우리들의 눈앞에서 벌어진 것입
니다. 성탄 사건입니다.

복음사가 마태오는 복음의 서두에서 예수님의 긴 족보를 나열합

니다. 예수님의 족보는 성인군자들의 족보 혹은 완전한 인간들이나 천사들의 족보가 아닙니다. 그 족보는 허물 많은 인간들의 역사이자 죄에 짓눌린 채 허덕이는 죄인들의 역사입니다.

바로 그 역사 속에 하느님의 아들인 예수님이 죄 많은 조상들의 후손으로 이 땅에 태어납니다. 하늘과 땅이 하나가 될 수 있었던 것도 그 때문입니다. 예수님이 하느님의 아들이라고 해서 우리와 달리 눈이 하나 더 있다거나 키가 우리보다 훨씬 더 크다거나 혹은 6백만 불의 사나이와 같이 초능력을 지닌 슈퍼맨이었더라면, 인류는 이렇게 탄식했을 것입니다.

"아! 아직도 하늘은 우리 인간들에게 멀고 먼 곳이로구나!"

이 땅에 오신 하느님의 아들 예수님은 우리보다 더 특출한 인간도 아니고, 우리보다 키가 더 크지도 않았고, 더더구나 그분은 초능력자도 슈퍼맨도 아니었습니다.

너무나 작고 가난한 한 아기, 춥고 배고프다고 엄마 마리아의 품을 파고드는 작은 아기, 기저귀를 차야 하는 작은 아기로 이 땅에 태어났습니다. 얼마나 감격스럽고 감사한 일입니까? 대자대비하신 하느님의 손길은 이렇게 작은 아기의 모습으로 인간들 가운데 나타났습니다.

인간들은 스스로의 힘으로는 하늘에 오를 수 없고, 하느님의 생명에 참여할 능력도 없습니다. 그러나 하느님이 이 땅에 사람이 되어 오셨으므로, 그것도 우리와 똑같은 모습의 사람으로 오셨기에 우리는 그분을 통해서 하느님의 생명에 참여할 수 있게 되었습니다. 오늘 온 세상 사람들이 기뻐하는 이유가 바로 여기에 있습니다.

복음사가 요한은 요한복음의 서두에 하느님의 아들이 이 땅에 오신 사건을 이렇게 기록합니다. "한처음에 말씀이 계셨다. 모든 사람을 비추는 참빛이 세상에 왔다. 그분께서 세상에 계셨고 세상이 그분을 통하여 생겨났지만 세상은 그분을 알아보지 못하였다. 그분께서 당신 땅에 오셨지만 그분의 백성은 그분을 맞아들이 않았다."(요한 1, 1. 9-11)

복음사가 요한에게 성탄은 참빛이신 말씀이 사람이 되신 사건입니다. 말씀은 진리입니다. 진리 자체 즉 하느님이 사람이 되신 사건이 성탄입니다. 구원의 진리는 멀리 있는 것이 아닙니다. 우리 가운데 우리와 함께 있습니다. 구원의 진리는 추상적인 것이 아닙니다. 아주 구체적입니다. 하느님의 자기 낮춤, 하느님의 자기 비움, 그리하여 사람들 가운데 작은 아기로 태어남, 이것이 구원의 진리입니다. 온 세상이 예수님의 성탄을 기뻐하는 이유가 여기에 있습니다.

하느님의 대자비가 이렇게 구체적인 모습으로 우리 가운데 나타났지만, 모든 사람들이 다 하느님의 큰 사랑을 받을 수 있는 것이 아닙니다.

성탄 대축일은 하느님의 아들이 사람이 되어 이 땅에 오신 날이기도 하지만, 동시에 죄인인 우리도 거듭나야 하는 날이기도 합니다. 우리가 자신을 비우고 낮추어서 거듭나지 않는다면 성탄 대축일은 단순한 축제일에 지나지 않습니다.

하느님의 아들이 춥고 초라한 마구간에서 태어나셨다는 것은 무엇을 의미합니까? 우리 가슴이 마구간과 같이 가난한 자리가 되어야 한다는 뜻입니다. 마구간은 마소가 깃드는 자리입니다. 인간의 탐욕과 미움과 증오와 시기 질투 따위는 존재하지 않습니다. 소박함과 가난함, 청정과 청빈이 있습니다.

하느님의 아들이 초라한 마구간에 태어났다는 것은, 마구간처럼 청정한 가슴을 지닌 사람이 성탄의 기쁨을 누릴 수 있고 하느님의 큰 사랑을 받을 수 있다는 의미입니다. 하느님의 아들이 호사스러운 왕궁에서 왕자의 모습으로 태어나지 않았던 것도, 따뜻하고 사치스러운 호텔이나 여관방에서 태어나지 않았던 것도 바로 그 때문입니다.

현대인들이 불행한 것은 무엇을 가지지 못하기 때문이 아닙니다. 불행의 근원은 버리지 못하고 비우지 못함에 있습니다. 하느님의 아들이 하느님다움을 포기하고 사람이 되셨기에 우리의 주님이 되시고 스승이 되실 수 있었던 것처럼, 우리도 우리 가슴을 쓰레기 같은 것들로 가득 채움으로써 행복해 질 수 있는 것이 아니라, 비움으로서 행복해 질 수 있습니다.

우리가 쓰레기 같은 것들로 가슴을 채우면 채울수록 하느님과는 멀어지게 됩니다. 그러나 우리가 자신을 낮추고 비움으로써 청정심을 간직하면 하느님과 가까워지고 하느님의 축복과 큰 사랑을 가슴에 담을 수 있게 됩니다.

아기 예수님의 탄생 소식을 가장 먼저 들었던 사람들이 들판에서 양을 치고 있던 목자들이었다는 사실은 예사로운 메시지가 아닙니다. 온갖 호사를 다 누리며 권력을 행사하던 고관대작들이나, 비단으로 몸을 감싸고 산해진미를 즐기면서 종들을 부리던 돈 많은 부자나, 뭇 사람들의 시선을 한 몸에 받으면서 박수갈채를 받던 인기 있는 사람들이 아기 예수의 탄생 소식을 듣지 못했던 것도 다 이유가 있습니다.

이런 사람들에게 구세주 메시아가 마구간에서 태어났다는 소식이 전해졌다고 가정해 봅시다. 그들은 한마디로 '구세주 메시아가 가난뱅이로 마구간에서 태어나다니!' 하고 코웃음 치고 말 것입니다. 쓰레기 같은 가슴으로는 하늘의 소식을 받아 담을 수 없습니다.

그러나 들판에서 양을 치던 목자들은 천사들의 전갈을 듣자 즉시 아기 예수가 태어난 동굴로 달려갑니다. 가난하고 소박한 청정심의 소유자들은 하늘의 소식을 기쁘게 받아들입니다. 그들은 춥고 초라한 마구간에서 가난한 부모와 갓난아기 예수를 만납니다. 그들은 그 아기 앞에 무릎을 꿇고 경배합니다. 그들에게는 하느님의 아들이 가난한 아기로 이 땅에 태어났다는 것이 조금도 이상하지 않습니다.

사도 요한도 이렇게 기록하고 있습니다. "그분께서 세상에 계셨고 세상이 그분을 통하여 생겨났지만 세상은 그분을 알아보지 못하였다. 그분께서 당신 땅에 오셨지만 그분의 백성은 그분을 맞아들이지 않았다."(요한 1, 10-11)

진리의 말씀이 세상에 오셨지만 사람들은 그 소리를 듣지 못했습니다. 귀가 없어서 진리의 말씀을 못 듣게 된 것이 아닙니다. 귀는 있지만 잡다한 욕망으로 가슴 속이 들끓고 있는 사람들의 귀에 하늘의 소리는 들리지 않았습니다. 영원한 생명을 주는 진리의 말씀은 가난하고 청정한 가슴을 지닌 사람만 들을 수 있습니다.

성탄 대축일이 큰 축일이라 하더라도, 성탄이 의미하는 바를 깨달아 가난하고 소박한 청정심의 소유자로 거듭나지 못한 사람에게는 이날은 거저 떠들썩한 축제일일 뿐입니다.

하느님의 아들이 이 땅에 작고 가난한 아기로 태어났듯이, 우리도 가난한 마음의 소유자로 거듭나야 합니다. 우리 자신이 목자가 되어야 하고 우리의 가슴이 작은 마구간이 되어야 합니다. 그때 비로소 성탄의 기쁨과 축복은 우리의 것이 됩니다.

목자들에게 아기 예수의 탄생을 알리면서 천사의 무리는 이렇게 노래합니다. "지극히 높은 곳에서는 하느님께 영광, 땅에서는 그분 마음에 드는 사람들에게 평화!"(루카 2, 14)

천사가 노래했듯이 하느님으로부터 사랑받는 사람만 성탄의 기쁨과 하느님의 평화를 누릴 수 있습니다.

누가 하느님 마음에 드는 사람입니까? 호의호식하며 겉꾸밈에 여념이 없는 사람이 하느님으로부터 사랑받는 사람입니까? 없는 것 없이 다 갖추어 놓고 그것도 모자라서 더 가지기 위해 밤낮으로 뛰어다니는 사람이 하느님 마음에 드는 사람입니까? 온갖 욕망의 사슬로 온몸을 휘감고, 타는 갈증으로 몸부림치는 인간이 하느님으로부터 사랑받을 수 있습니까?

여러분의 가슴이 청정심으로 가득 차기를 바랍니다. 여러분의 가정이 작은 마구간이 되기를 바랍니다. 여러분의 직장과 일터 또한 천사들의 노랫소리 들을 수 있는 들판이기 되기를 바랍니다. 여러분 모두가 하느님으로부터 사랑받고 평화 누리기를 진심으로 축원합니다.

성탄 대축일
- 이사야 52, 7-10
- 히브리 1, 1-6
- 요한 1, 1-18

말씀이 사람이 되시다

"하늘 높은 곳에는 하느님께 영광, 땅에서는 그가 사랑하시는 사람들에게 평화!"

오늘은 기쁜 날입니다. 온 세상 사람들이 모두 이날을 기뻐하면서 경축합니다.

그러나 2천 년 전 오늘, 하느님의 아들이 이 땅에 사람으로 태어나셨을 때는 사정이 사뭇 달랐습니다. 그 누구도 하느님의 아들이 태어났다는 것을 알아차리지 못했습니다. 더구나 하느님의 아들이 이름 없고 가난한 목수의 아들로 태어나리라고는 짐작하지 못했습니다. 하느님의 아들이 베들레헴의 마구간에서 가난한 모습으로, 작고 연약한 아기로 태어나리라고는 상상조차 하지 못했습니다.

하느님께서 하시는 일은 언제나 이렇습니다. 하느님은 늘 보이지 않는 곳에서 그리고 사람들이 알아차리지 못하는 방법으로 역사하십니다. 하느님은 힘없고 가난한 사람들, 그러나 하느님을 믿는 사람들의 손을 통해서 당신의 놀라운 권능과 능력을 드러내십니다.

베들레헴의 외양간에서 태어나신 작은 아기가 인류의 역사를 근원적으로 뒤바꾸어 놓을 것이라고 누가 상상이나 했겠습니까?

오늘 복음을 통해서 복음사가 요한은 이 놀라운 신비를 이렇게 말하고 있습니다.

"한처음에 말씀이 계셨다. 말씀은 하느님과 함께 계셨는데 말씀은 하느님이셨다. 그분께서 세상에 계셨고 세상이 그분을 통하여 생겨났지만 세상은 그분을 알아보지 못하였다. 그분이 당신 땅에 오셨지만 그분의 백성은 그분을 맞아들이지 않았다."(요한 1, 10-11)

복음사가 요한은 예수의 성탄을 말씀이 사람이 되어 오신 사건이라고 합니다. 예수는 말씀이라고 합니다.

예수님은 하느님의 말씀입니다. 구약성서 창세기 1장에는 하느님께서 세상을 창조하시는 이야기가 나옵니다. 하느님께서 어떻게 세상을 창조하셨습니까? 말씀으로 창조하십니다.

창세기 1, 3절의 말씀입니다. "하느님께서 말씀하시기를 '빛이 생겨라.' 하시자 빛이 생겼다." 창세기 1, 6의 말씀. "하느님께서 말씀하셨다. '물 한가운데에 궁창이 생겨, 물과 물 사이를 갈라놓아라.' 창세기 1,9의 말씀. "하느님께서 말씀하시기를 '하늘 아래 있는 물은 한곳으로 모여, 뭍이 드러나라.' 하시자 그대로 되었다."

하느님께서는 말씀으로 이 세상을 창조하십니다.

하느님의 말씀은 권능이며 능력입니다. 말씀은 암흑과 혼돈을 빛과 질서로 바꾸어 놓는 힘이자 능력입니다. 말씀은 아무것도 없는 허무에서 생명을 창조합니다.

창조의 힘이자 능력이신 말씀이 이 세상에 사람이 되어 오신 사건이 성탄입니다. 그 말씀이 사람이 되어 목수 요셉의 아들로 이 땅에 태어납니다. 이 놀라운 사건을 성탄이라고 합니다.

말씀이신 분이 무엇 때문에 이 세상에 사람이 되어 오십니까?
태초에 하느님의 말씀이 어둠과 혼돈을 빛과 질서로 새롭게 하여 이 세상을 창조했듯이, 사람으로 태어난 말씀이신 예수님께서는 죄와 죽음의 어둠에 잠겨있는 이 세상을 새롭게 창조하시려고 이 땅에 오십니다. 인류의 역사를 암흑에서 광명으로 바꾸시려고 말씀이 사람이 되시어 이 세상에 오십니다. 죄로 인해서 무너진 질서를 다시 세우시려고 말씀이 이 땅에 오십니다.

아기 예수의 탄생으로 인류의 역사는 새로운 전기를 맞이하게 됩니다.

복음사가 요한은 이렇게 말합니다.

"그분께서 당신 땅에 오셨지만 그분의 백성은 그분을 맞아들이지 않았다." (요한 1, 11)

베들레헴의 동굴에서 가난한 목수의 아들로 태어난 한 아기가 인류의 역사를 근원적으로 뒤바꾸어 놓을 인물일 줄이야 누가 알았겠습니까?

어둠 속에서 살고 있는 우둔하고 미련한 인간들은, 보이지 않는 곳에서 은밀한 손길로 이루어지는 하느님의 놀라우신 역사를 알아차릴 수 없습니다.

요한은 이렇게 증언합니다.

"모든 사람을 비추는 참빛이 세상에 왔다. 그분께서 세상에 계셨고 세상이 그분을 통하여 생겨났지만 세상은 그분을 알아보지 못하였다."

인간들이 알아주든 말았든 이 땅에는 새 역사가 시작되고 있습니다. 어둠 속에서 빛이 비치기 시작한 것입니다.

예수님의 탄생은 인류 앞에 새로운 역사와 가능성을 열어 놓습니다. 어둠 속에 살고 있는 인류 앞에 광명이 비치기 시작하고, 절망과 좌절 속에서 살고 있던 인류 앞에 희망의 문이 열립니다.

이제 누가 새 역사의 주인공이 될 수 있으며, 누가 구원의 축복을 차지하는 주인공이 될 수 있습니까? 성탄의 기쁨만을 노래할 것이 아니라, 우리는 이 질문에 심각하게 대답해야 합니다.

먼저 묵상해야 할 대목은 이 땅에 오신 구세주는 가난함 가운데 오셨다는 사실입니다. 예수님께서 따뜻하고 호사스러운 곳이 아니라 춥고 초라한 마구간에서 태어나셨다는 사실은 의미심장합니다. 하느님의 역사(役事)는 인간이 오만스럽게 자기를 뽐내며 자랑하는 곳에서 이루어지는 것이 아니라, 겸허하게 하느님의 손길을 받아들이는 곳에서 이루어집니다. 하느님의 역사는 인간이 풍요와 향락을 누리는 곳에서 이루어지는 것이 아니라, 자신의 가난한 모습을 바라보면서 눈을 하늘로 들어 올리는 사람들 가운데서 이루어집니다.

예수께서는 루카 6, 20에서 "행복하여라, 가난한 사람들! 하느님의 나라가 너희의 것이다" 하고 설파합니다. 가난함이란 하느님의 손길을 기다리는 사람의 모습입니다. 가난함이란 인간 본래의 모습을 정직한 눈으로 바라보면서 하느님의 은총과 도우심을 구하는 사람의 모습입니다. 그래서 하느님의 역사하심을 겸허하게 받아들이는 가난한 사람들이 행복한 사람들입니다.

자신이 지닌 부와 지위와 권력을 자랑하는 사람들은 위로부터 오는 은총과 축복이 무엇인지 모릅니다. 그들이 향락은 누릴 수 있어도 기쁨은 누리지 못합니다. 그들이 쾌락은 누려도 행복은 누리지 못합니다. 그들은 혼자 독차지하는 쾌락은 알아도 나누고 베푸는 기쁨은 모릅니다. 그들이 혼자서 즐길 줄은 알아도 더불어서 사랑 나눌 줄은 모릅니다.

그들의 가슴 속에는 온갖 잡다한 욕망과 재미가 가득 차 있기에 하느님의 은총이 내릴 자리가 없습니다. 그들은 말씀이 가난한 아기가 되어 어두운 이 땅에 빛으로 오신 신비를 알아듣지 못합니다.

성탄의 기쁨은 아무에게나 주어지는 것이 아니라, 가난함 가운데 머무는 사람들에게 주어지는 은총이자 축복입니다.

하느님의 아들이 왕이나 장군 혹은 고관대작이 아닌, 가난한 목수 요셉과 이름 없는 처녀 마리아를 부모로 하여 이 땅에 태어났다는 것이 큰 신비입니다. 구세주가 탄생하셨다는 기쁜 소식을 가난하고 비천한 목동들이 제일 먼저 듣게 되었다는 사실도 우연한 일이 아닙니다.

목수 요셉과 마리아 그리고 들에서 양을 치던 목동들, 이들 가난한 사람들만이 새로 태어나신 아기 예수를 하느님의 아들로 알아볼 수 있었습니다.

말씀이신 예수께서 펼치시는 새 역사의 주인공은 하느님의 손길을 겸허하게 받아들이는 가난한 사람들입니다. 그들이 하늘에서 내리는 구원의 축복을 차지하는 사람들이 됩니다.

성탄의 기쁨은 외적인 화려함과 먹고 마시고 즐기는 데 있는 것이 아닙니다. 성탄의 기쁨은 하느님의 한량없는 은총과 축복을 가난한 마음속에 받아들이는 데 있습니다.

오늘 복음에서 요한은 이렇게 말합니다.

"그분께서는 당신을 받아들이는 이들, 당신의 이름을 믿는 모든 이에게 하느님의 자녀가 되는 권한을 주셨다."(요한 1, 12)

마소가 깃드는 동굴에서 작은 아기의 모습으로 이 땅에 태어나신 예수님을 구세주로 믿고 맞아들이는 가난한 사람들에게 하느님의 자녀가 되는 권한이 주어집니다.

믿음이 없는 오만한 사람들은 가난하고 약한 아기를 하느님의 아들로 받아들일 수 없습니다. 하느님의 손길과 은총을 필요로 하지 않는, 능력 있고 똑똑한 자들이 저 신비스러운 하느님의 섭리 앞에 고개를 숙일 수 있습니까?

새 역사를 열어주실 말씀, 새 질서를 창조하실 말씀이 사람이 되어 태어난 성탄 사건은 우리에게 선택과 결단을 요구하고 있습니다. 우리가 가난한 사람이 되어서 그분을 받아들여 믿음의 사람이 되든지, 아니면 오만한 자로 머물러 있으면서 불신자가 되든지 둘 중의 하나를 선택하도록 요구합니다.

우리의 선택과 결단은 우리의 운명을 결정하게 됩니다. 우리의 선택과 결단에 따라서 우리는 하느님의 자녀가 되는 권한을 누리면서 빛 속에 머무는 사람이 되든지, 이 땅에 속한 자가 되어 어둠 속에 머물든지 하게 됩니다.

성탄의 기쁨과 축복은 이 땅에 오신 그분을 믿고 맞아들이는 사람들이 누리게 되는 은총입니다.

오늘 온 세상이 축제 분위기에 싸여 있지만, 성탄의 참 기쁨을 누리는 사람들은 그리 많지 않습니다. 이날은 사람이 되어 오신 예수님 앞에서 믿음으로 그분을 받아들이기로 결단을 내리는 날입니다. 이 땅에 오신 말씀이 우리에게 당신의 모든 것을 내어주셨듯이, 우리도 우리 자신을 서로에게 내어주는 사랑의 날입니다.

이 겨울에 추위에 떨고 있는 우리 이웃은 없는지, 혹은 배고파하는 이웃은 없는지 살펴봅시다. 말씀이신 예수님께서 가난한 자로 오셨음을 생각하면서 우리 주위의 가난한 이웃들과 성탄의 기쁨을 함께 누릴 수 있기를 바랍니다.

여러분의 가슴이, 그리고 여러분들의 가정이 베들레헴의 마구간이 되기를 바랍니다. 그리고 말씀이신 아기 예수님의 빛과 사랑이 여러분과 여러분 가정에 흘러넘치기를 기원합니다.

천주의 모친 성 마리아 대축일 (평화의 날)

- 민수기 6,22-27
- 갈라디아 4,4-7
- 루카 2,16-21

꿀벌 같은 삶

새해가 밝아왔습니다. 역사와 시간을 주관하시는 하느님의 은총과 축복이 여러분과 여러분의 가정에 충만하기를 진심으로 축원합니다.

새해 첫날, 교회는 이날을 평화의 날로 정하고 온 인류가 하느님 안에서 한 형제가 되어 평화를 누리면서 살아가기를 기원하고 있습니다. 지금도 지구촌 곳곳에서 전쟁의 참상이 벌어지고 있고, 지구 환경의 파괴로 자연 재해가 끊이지 않고 있습니다.

평화를 사랑하는 민족이라고 불리는 우리 겨레도 남과 북으로 갈라져서 분단의 비극 속에서 살고 있고, 우리 사회는 이념과 세대와 지역으로 서로 편 갈라 싸우고 있습니다.

대학교수들은 지난해를 사자성어로 "당동벌이(黨同伐異)"의 해라고 했습니다. 당동벌이(黨同伐異)란 같은 사람끼리 편을 만들어 다른 사람들을 이겨 누른다는 뜻입니다. 한마디로 편 갈라 서로 싸운 한 해라는 말입니다.

창세기 1장을 보면 하느님께서 이 세상을 만드실 때 '보시니 참 좋았다.'고 하십니다. 엿새째 창조 사업이 다 끝날 때까지, 일곱 번씩이나 '보시니 참 좋았다.'고 기록하고 있습니다. 일곱이라는 숫자는 완전을 나타내는 숫자입니다. '보시니 참 좋았다.'고 일곱 번이나 반복하셨으니 하느님께서 만드신 이 세상은 아름답고 완전한 세상입니다.

하느님께서 만드신 아름답고 살기 좋은 세상, 완전한 세상이 어쩌다가 죽고 죽이는 살벌한 세상, 전쟁과 싸움이 끊이지 않는 세상으로 변했는지 알 수 없습니다. 하느님께서 만드신 아름답고 살기 좋은 이 세상에서, 어째서 한쪽에서는 먹을 것이 없어서 굶주림에 죽어가는 사람들이 있고, 다른 한쪽에서는 영양 과다로 살을 빼기 위해서 땀을 뻘뻘 흘리는 사람들이 있는지 알 수 없습니다.

하느님께서는 '보시기에 참 좋은 세상'을 만드셨습니다. 하느님께서 만드신 '참으로 좋은 세상'을 어지럽고 더럽고 살벌한 세상으로 만든 책임은 우리들에게 있습니다.

이 땅에는 세 부류의 인간이 살고 있습니다. 거미 같은 인간, 개미 같은 인간, 꿀벌 같은 인간입니다.

거미 같은 인간은 이기적이며 탐욕적입니다. 자신의 출세와 이익을 위해서는 무자비하게 이웃과 형제들의 희생을 강요합니다. 자신의 배를 채우기 위해서는 이웃의 배고픔은 아랑곳하지 않습니다. 자신의 출세와 명예를 위해서 이웃과 형제들을 짓밟는 것쯤은 당연하게 여깁니다.

거미가 어떻게 먹이를 잡는지 잘 압니다. 나방이나 곤충들이 다니는 길목에 끈적이는 거미줄, 눈에 쉽사리 뜨이지 않는 거미줄로 망을 칩니다. 거미는 죽은 듯이 꼼짝도 하지 않고 웅크리고 기다립니다. 먹이가 걸려들면 잽싸게 달려들어 곤충이나 나방을 거미줄로 칭칭 동여맵니다. 그리고 서서히 조금씩 먹어치웁니다.

우리가 살고 있는 이 세상에는 거미 같은 사람들이 너무나 많습니다. 자기 자신의 이익과 출세를 위해서 이웃의 불행을 강요하는 사람들이 너무 많습니다.

거미 같은 인간들이 많다 보니 죽이지 않으면 죽임당한다는 피해의식이 팽배해있습니다. 무엇으로든지 스스로를 무장하지 않으면 불안합니다. 사람들은 자신을 지킬 수 있는 힘이 될 만한 것이라면, 무엇이든지 가지려고 애를 씁니다.

어떤 사람은 돈으로, 어떤 사람은 지위로, 어떤 사람은 힘과 폭력으로 무장합니다. 그렇게 무장해서 자신을 지키고 다른 사람들을 제압하겠다는 생각이지요.

거미 같은 인간들이 하느님께서 만드신 아름다운 세상을 무자비하고 살벌한 세상으로 만듭니다. 이 땅에서 싸움과 전쟁이 그치지 않는 것도, 살인과 폭력 등 온갖 범죄가 그치지 않는 것도 모두 거미 같은 인간들 때문입니다.

다른 부류의 인간은 개미 같은 인간입니다. 부지런하고 성실한 사람들이 바로 그들입니다. 그러나 개미 같은 인간은 자기밖에 모룹니다. 자기 일은 제가 하고, 자기 벌어서 자기 먹고, 남에게 신세 지지 않고 사는 사람들입니다. 이웃이야 죽든지 살든지, 이웃집에 불이 나든지 강도가 들든지, 이웃 형제들이 밥을 굶든지 먹든지 관심을 기울이지 않고 자신만을 생각하는 생활을 합니다.

개미 같은 사람들은 이웃과 형제들에게 피해를 주거나 손해를 끼치는 일도 없고 신세를 지는 일도 없습니다. 자신도 이웃과 형제들에게 베풀지 않습니다.

거미 같은 인간들이 무자비한 인간들이라면, 개미 같은 인간들은 비정한 인간들입니다. 개미 같은 인간들은 자신의 안락과 향락을 위해서는 수단과 방법을 가리지 않습니다. 자신의 치부와 안전을 위해서는 모든 것을 다 바칠 각오가 되어 있는 사람들입니다.

우리가 짓는 죄가 많습니다. 그중에서 가장 무서운 죄악이 무관심입니다. 무관심에 비하면 미움이라든지 증오는 가볍습니다. 미워하거나 증오한다는 것은 그래도 관심이 있다는 표시입니다.

개미 같은 인간들이 수단과 방법을 가리지 않고 부를 쌓고 향락과 안일을 누리는 저편 그늘에서는, 수많은 이웃과 형제들이 추위와 배고픔에 죽어 가고 있습니다. 개미 같은 인간들에게 사랑과 나눔과 베풂은 사치스러운 구호입니다.

사도 바오로는 필리피 신자들에게 보낸 서간 3,19에서 이렇게 말합니다.

"그들의 끝은 멸망입니다. 그들은 지기네 배를 하느님으로, 자기네 수치를 영광으로 삼으며 이 세상 것만 생각합니다."

개미 같은 인간들이 자기네 뱃속을 하느님처럼 섬기면서 향락을 즐기고 세상 돌아가는 일과 이웃에 무관심하는 사이에 이 땅에서는 온갖 불행한 일들과 비참한 일들이 벌어집니다. 하느님께서 만드신 아름다운 세상은 이렇게 병들어 갑니다.

우리는 미사를 시작하면서 참회 예절을 합니다. 고백의 기도를 바치면서 '제 탓이요, 제 탓이요, 저의 큰 탓이옵니다.' 하고 가슴을 칩니다. 하느님께서는 이 세상을 좋은 세상으로 만드셨을 뿐만 아니라, 죄인인 우리를 구원하시고자 당신 아들까지 보내주셨는데, 우리는 나만 살겠다고 이웃을 짓밟고, 제 배만 채우겠다고 형제에게 무관심하고 그래서 이 세상을 어지럽히고 더럽히고 살벌하게 만들었기에 '제 탓이요' 하고 참회하면서 하느님의 용서를 빕니다.

우리는 어떤 모습으로 살아야 합니까? 꿀벌 같은 사람으로 살면 좋겠습니다. 사람들과 밀접한 관계를 맺고 있고 또 유익함을 베풀어주는 곤충 중에서 꿀벌만 한 곤충이 없습니다. 꿀벌은 부지런하고 성실합니다. 자신을 희생하여 모두를 살리는 곤충입니다. 이른 봄부터 늦은 가을까지 이 꽃 저 꽃을 찾아다니며 꿀과 꽃가루를 따서 가족들을 먹여 살리는 것은 물론이고 온갖 과일나무들이 열매 맺도록 해줍니다. 우리에게는 달콤한 꿀을 제공합니다.

거미 같은 인간들과 개미 같은 인간들이 아름다운 세상을 더럽히고 어지럽히고 살벌하게 만들지만, 이 땅에는 꿀벌 같은 사람들도 많습니다. 이 세상이 더 이상 난장판이 되지 않고, 그래도 희망이 있고 살아갈 가치가 있는 곳이 되는 것은 꿀벌 같은 사람들이 곳곳에 있기 때문입니다.

　부지런하고 성실히 살아가면서 보이지 않는 곳에서 사랑과 선행을 실천하는 사람들, 남이 알아주든 알아주지 않든 상관하지 않고 자신을 희생하면서 이웃과 형제들에게 사랑을 베풀고 봉사하는 사람들, 이런 사람들 때문에 이 세상은 유지되고 있습니다.

　이웃과 형제의 불행과 아픔을 외면하지 않고 함께 그 고통을 나누어 가지려는 사람들, 자신이 가진 바를 함께 나누고 베풀면서 꿀벌처럼 더불어 살아가려는 사람들이 있기 때문에 이 세상은 아직도 아름답고 살만합니다.

　신문에 대문짝만하게 이름을 올리고 동네방네 나팔을 불면서 선행을 하는 것만이 선행이 아닙니다. 따뜻한 정으로 한 숟갈의 밥이라도 이웃과 함께 나눈다면 그것이 참 사랑이며 선행입니다.

　온 세상이 떠들썩하도록 큰일을 해야 하는 것이 아닙니다. 정말 큰일은 요란스럽고 떠들썩한데 있는 것이 아니라 작고 사소한 가운데 있습니다. 작고 사소한 일에 성실하면서, 묵묵히 자신을 희생하면서 사랑을 실천하는 사람들이 이 땅의 어둠을 밝히고, 평화를 심습니다. 이런 사람들이 행복을 만드는 사람들이고 행복한 사람들입니다. 이런 사람들이 큰일을 합니다.

　하느님께서 우리가 꿀벌처럼 살라고 새로운 한 해를 허락하셨습니다.

　새해 첫날 평화의 날은 천주의 성모 마리아 대축일이기도 합니다. 우리가 공경하고 본받으려는 성모 마리아는 평화의 어머니입니다. 마리아는 예수님의 그늘에 숨어서 드러나지 않게 자신을 철저히 희생하고 봉헌합니다. 마리아의 자기희생과 봉헌이 있었기에 아들 예수님께서 구원 사업을 성취하실 수 있었습니다.

참 행복은 어디에 있습니까? 거미처럼 남을 짓밟고 이웃의 불행을 강요하는 가운데 출세하고 부를 누리면 그것이 행복입니까? 이웃과 형제들에게 무관심한 채, 자신의 배만 채우면서 향락을 누리면 그것이 행복입니까? 그것은 쉽사리 사라져 버릴 쾌락이지 행복이 아닙니다.

참 행복은 꿀벌처럼 자신을 희생하고 헌신하면서 이웃과 형제들과 더불어 사랑과 나눔을 베푸는 데 있습니다.

그리스도인들은 참 행복을 누리는 사람들이어야 합니다. 동시에 이 땅에 기쁨과 평화를 심는 사람들입니다. 새해 첫날, 하느님께서 허락하신 이 한 해를 어떻게 살아가기로 결심하고 계십니까?

사람들은 "새해 복 많이 받으십시오!" 하고 인사합니다. 복은 하늘이 내려줍니다. 과연 누가 복 받는 사람이 됩니까? 운수대통하기를 바라면서 일확천금과 벼락출세의 망상에 사로잡힌 사람들이 복을 받습니까? 아니면 성실한 삶의 자세로 이 땅에 사랑과 평화를 심겠다고 다짐하는 사람들이 복을 받습니까?

새롭게 밝아온 올해에는, 여러분 모두 작은 촛불이 되기를 바랍니다. 여러분들이 머무는 곳에는 어둠이 물러가고 기쁨과 평화가 넘치기를 바랍니다. 평화의 하느님께서 여러분과 여러분 가정을 축복하여 주시기를 축원합니다. 올해에는 좋은 일, 기쁜 일, 행복한 일만 있기를 기도합니다. 새해 복 많이 받으십시오.

주님 공현 대축일
- 이사야 60,1-6
- 에페소 3,2-3.5-6
- 마태오 2,1-12

현자(賢者)들의 가르침

공현(公顯 epiphany)이란 한자말이 뜻하는 것은 '공적으로 드러낸다.' 혹은 '공적으로 나타나다.'라는 의미입니다.

예수님은 이스라엘에서 태어나셨습니다. 그러나 예수님은 이스라엘 백성들만을 위해서 이 땅에 오신 분이 아닙니다. 예수님은 온 세상 모든 인류를 구원하시기 위해 이 땅에 사람이 되어 오신 하느님의 아들입니다.

하느님께서는 신비스러운 방법으로 이스라엘 백성이 아닌, 저 멀리 동방에 사는 세 사람의 박사들에게 예수 탄생의 기쁜 소식을 알려 주셨습니다. 예수 그리스도의 모습을 이스라엘 백성이 아닌, 이방인들에게 공적으로 드러내 보이셨다 해서 이날을 주님 공현축일이라고 합니다.

오늘 복음 말씀에는, 동방의 박사들이 아기 예수를 찾아 경배한 사실을 흥미롭게 그리고 전설적인 방법으로 전해줍니다. 이 흥미롭고 전설적인 이야기 뒤에는 굉장한 진리가 숨어있습니다. 우리가 인생을 어떻게 살아야 하는지, 그리고 어떻게 신앙생활을 해야 하는지를 밝혀줍니다.

어떤 진리가 이 이야기 뒤에 숨어 있는지 묵상해봅니다.

먼저, 진리를 찾는 사람들의 이야기입니다. 전하는 바에 의하면 동방에서 아기 예수님을 찾아 경배했던 세 박사의 이름은 발다살, 가스팔, 멜키올이라고 합니다. 복음서는 이들을 박사라고 일컫습니다. 라틴말로 'Magus'라고 합니다만, 현자(賢者)라는 뜻입니다. 이들은 점성가들이었다고 짐작됩니다.

고대 동방 페르시아 지방에는 점성술이 발달했었습니다. 점성술을 요즘 말로 하면 우주과학 또는 천체과학입니다.

이들은 하늘의 별들을 관찰하면서 그 별들의 변화에 따라서 한 나라의 운명이나 위대한 인물의 운명을 점치곤 했습니다. 이들은 하늘의 별자리를 관찰하고 있던 중에 전에 보지 못했던 큰 별 하나를 발견합니다. 유난히 크고 밝게 빛나는 별을 보고 이들은 그 별이 이 세상의 운명을 좌우할 위대한 인물의 탄생을 알리는 신호라고 알아듣습니다.

현자들은 즉각적으로 그 별의 주인공을 알아내기 위해서 모험의 길을 떠납니다. 그들이 의지할 수 있는 것은 밤에만 빛나는 별 하나뿐입니다. 낮에는 별을 볼 수 없기 때문에 가던 길을 멈추어야 합니다. 밤에만 빛나는 그 별의 인도를 따라서 알지 못하는 미지의 세계, 누구인지 알 수 없는 비밀의 주인공을 찾아서 모험을 감행합니다. 여기서 우리는 진리를 찾는 사람들의 모습을 발견합니다.

새로움을 향해서 모험을 감행할 수 있는 사람만이 진리를 발견할 수 있습니다. 현자들은 자신들이 가고자 하는 길에 어떤 운명이 닥칠지 전혀 예측하지 못합니다. 페르시아 지방에서 베들레헴까지는 수만릿길입니다. 사막을 지나야 하고 산과 강을 건너야 도달할 수 있는 곳입니다. 예측할 수 없는 위험이 그들 앞에 도사리고 있습니다.

그렇지만 현자들의 관심사는 새로운 진리이지, 그들을 가로막고 있을지 모르는 위험이 아닙니다. 현자들은 온갖 위험과 시련이 닥칠 줄 알면서도 모험의 길을 떠납니다.

이들 안에서 참 신앙인의 모습을 발견합니다. 그리스도인들에게 중요한 것은 예수님 안에서 찾을 수 있는 진리입니다. 그리고 그 진리를 따라서 새로운 삶의 길, 새로운 자신의 운명을 개척해 나가는 것이 신앙인들의 삶의 자세입니다.

마태오 7, 7-9에서 예수님은 이렇게 말씀하십니다.
"청하여라, 너희에게 주실 것이다. 찾아라, 너희가 얻을 것이다. 문을 두드려라, 너희에게 열릴 것이다. 누구든지 청하는 이는 받고, 찾는 이는 얻고, 문을 두드리는 이에게는 열릴 것이다."

예수님의 가르침대로 구하는 사람, 애타게 찾는 사람에게 새 삶의 길이 열립니다. 그리고 두드리는 사람들 앞에 구원의 문은 열립니다.

새로움과 변화에 대한 두려움 때문에 구태의연한 생활 속에 머무는 사람들, 게으름과 나태함에 머무는 사람들의 모습은 바른 신앙인의 자세가 아닙니다. 늘 새롭게 거듭 태어나기 위해서 몸부림치는 사람이 참 신앙인입니다.

우리가 신앙인으로서 예수님의 가르침을 따라서 살려고 애를 쓰면, 거기 어찌 유혹과 시련이 없겠습니까? 그 유혹과 시련을 두려워하면 우리는 거듭 태어날 수 없습니다. 신앙인들은 새로움과 변화를 추구하는 사람들입니다. 그래서 역사를 주도하는 사람들, 새 시대를 이끌어 가는 사람들이 신앙인입니다.

이런 의미에서 별의 인도를 따라서 예수님을 찾아갔던 현자들은 오늘 우리 모두가 본받아야 할 신앙인의 모범입니다.

현자들은 자기네 나라에서는 존경받는 인물들입니다. 많은 제자들이 있었고 안락한 거처와 풍요로운 생활도 있습니다. 그러나 그들은 자신들에게 주어진 그 삶에 만족하지 않았고, 풍요와 안락함에 안주하지 않습니다. 그들은 새로운 별을 발견하자 그 별의 주인공을 찾아서 자신들의 안락한 거처와 생활을 포기하고 모험의 길을 떠납니다.

인간은 안주하려는 본능을 가지고 있습니다. 그 속에 웅크리고 앉아서 평안과 안락을 누리고 싶어 합니다. 그러나 자신들이 누리고 있는 삶의 틀을 깨뜨리려 하지 않고 거기 웅크리고 안주하려는 사람들에게는 새로움이 없습니다. 새로움이 없다는 것은 변화와 발전이 없다는 것을 의미합니다. 새로움이 없는 정체(停滯)는 썩는다는 것을 뜻합니다. 죽음과 멸망을 의미합니다.

결국 변화와 발전을 두려워하는 사람들은 역사 속에서 낙오자가 되거나 인생의 패배자가 될 수밖에 없습니다. 이런 사람들은 자신의 인생도 성공시키지 못할 뿐 아니라, 이런 사람들이 많을수록 교회나 사회는 발전하지 못하고 퇴보하게 됩니다.

하느님을 아버지로 믿고 스승 예수님의 가르침을 따르는 신앙인들은 진리를 쫓는 진취적인 인생을 사는 사람들입니다. 지금 생활에 만족하지 않고, 주님의 가르침과 성령의 인도를 따라서 과감하게 자신의 생활을 바꾸어 나가는 사람들이 신앙인들입니다.

천신만고 끝에 별의 인도를 따라서 베들레헴에 도착한 현자들 앞에 나타난 것은 초라한 동굴과 가난한 부부 요셉과 마리아 그리고 보잘것없는 아기 예수입니다.

동방의 박사들은 내심으로 크게 실망했을 것입니다. 자신들이 목숨을 걸고 찾아온 새로운 인물이 고작 가난하고 어린 아기 예수였으니 말입니다. 그러나 현자들은 자신들이 할 수 있는 최대의 존경과 예를 드려 아기 예수를 경배하고 준비해 간 선물을 드립니다. 그들이 아기 예수님께 바쳤던 예물은 황금(黃金)과 유향(乳香)과 몰약(沒藥)입니다.

여기서 동방 박사들의 열린 마음과 눈을 보게 됩니다.

그들이 별의 인도를 따라서 고향과 가족과 거처를 떠났을 때는 대단한 기대와 꿈을 안고 있었습니다. 그들이 온갖 위험과 고난을 마다하지 않고 모험의 길에 나섰을 때는 그만한 대가가 있을 것이라고 기대했습니다. 엄청나고 위대한 인물, 모든 사람들이 깜짝 놀랄 대단한 인물을 만나리라 기대했습니다.

그렇지만 그들이 예루살렘에 도착했을 때는 놀라운 인물이 탄생했다는 사실을 아무도 모르고 있었습니다. 유대지방을 다스리고 있던 헤로데마저도 대사제들과 율법학자들을 불러서 물어본 후에야 겨우 그 사실을 알아낼 정도였습니다. 축제도 벌어지지 않았고 웃고 노래하며 축하하는 인파도 없었습니다.

그들이 다시 베들레헴에 도착해서 별이 머무는 곳을 찾아냈을 때, 그들 앞에는 초라하고 가난한 부부와 갓난아기가 전부였습니다. 온갖 위험을 무릅쓰고 목숨을 걸고 찾아온 그들에게 주어진 대가는 보잘것없었습니다.

그렇지만 박사들의 열린 가슴과 눈은 그 아기를 통하여 앞으로 벌어질 일을 꿰뚫어 보고 있었습니다. 초라한 그 아기가 인류의 역사를 뒤바꾸어 놓을 것이라는 사실을, 죄와 죽음의 그림자로 뒤덮인 이 세상을 밝게 비출 것이라는 사실을, 그리고 온 인류에게 꿈과 희망을 줄 것이라는 사실을 꿰뚫어 보고 있었습니다.

그들은 소중하게 간직해 간 황금과 몰약과 유향을 아기 예수께 선물로 드리고 경배합니다.

황금은 가장 값진 쇠붙이이자 변하지 않는 귀금속입니다. 이는 아기 예수는 왕 곧 그리스도라는 뜻입니다. 몰약은 약품이나 방부

제로 쓰이는 약제입니다. 이는 아기 예수는 죄와 죽음의 세력 때문에 죽어가는 인류를 구원하실 구세주라는 의미입니다. 유향은 전례 때 혹은 기도할 때에 연기를 피워 올리기 위해서 사용하는 수지입니다. 아기 예수는 찬양받으셔야 할 하느님의 아들이라는 의미입니다.

과연 그들의 형안(炯眼)이 꿰뚫어 본 것처럼, 그 아기로 인해서 인류의 역사는 완전히 바뀌고 맙니다. 그 아기로 말미암아 새로운 구원의 역사가 시작됩니다.

대단하고 큰 것, 사치스럽고 요란한 것을 찾아서 헤매는 현대인들에게 동방의 현자들은 많은 것을 가르치고 있습니다. 진리는 대단한 곳에 있는 것이 아닙니다. 행복은 사치스럽고 화려한 곳에 있는 것이 아닙니다. 작고 보잘것없는 것을 소중히 할 줄 아는 사람들에게 행복의 문은 열립니다. 그리고 거기에 진리도 함께 있습니다.

동방의 현자들은 오늘 우리 신앙인들에게 큰 가르침을 줍니다. 신앙인들은 허황한 꿈을 좇는 사람들이 아닙니다. 작은 것을 소중히 할 줄 알고 그 안에서 기쁨과 행복을 찾는 사람들입니다.

마태오 5, 3에서 예수께서는 이렇게 말씀하십니다.

"행복하여라, 마음이 가난한 사람들! 하늘나라가 그들의 것이다."

가난한 마음을 지닌 사람들이 작은 것에 만족할 줄 알고 감사할 줄 압니다. 그래서 신앙인들의 삶은 늘 기쁘고 행복합니다.

지금 여러분들의 가난한 가슴과 열린 눈에 주님의 별이 보입니까? 여러분 모두가 또 다른 동방박사가 되기를 바랍니다. 우리 인생의 앞길을 밝혀주시는 주님께서 우리 가운데서 별처럼 빛나고 있습니다. 하느님의 부르심에 순종했던 아브라함처럼, 별의 인도를 따랐던 동방박사들처럼 우리도 주님의 이끄심과 인도하심을 따릅시다. 여러분들의 가난한 가슴에 하느님의 은총과 축복이 넘치기를 기도합니다. 그리고 맑고 밝게 열린 눈으로 주님을 만나면서 기쁨과 행복 누리는 나날이기를 기도합니다.

예수 마리아 요셉의 성가정 축일

- 집회 3,2-6.12-14
- 골로사이 3,12-21
- 마태오 2,13-15.
  19-23

가정의 바탕, 믿음과 사랑

예수님의 탄생은 우리 모두에게 큰 기쁨이었지만, 마리아와 요셉에게도 큰 기쁨입니다. 아들 예수의 출생으로 요셉은 아버지가 그리고 마리아는 어머니가 됩니다. 그리고 부모 자식이 있는 하나의 반듯한 가정도 탄생합니다.

인생을 살아가면서 기뻐해야 하고 감사해야 할 일이 많지만, 아버지가 되고 어머니가 되는 일만큼 기쁜 일, 감사한 일이 없습니다. 아버지가 되고 어머니가 된다는 것은 인간이 자의적으로 할 수 있는 일이 아니라 하늘이 내려주는 축복입니다.

저는 저를 낳아주신 아버지와 어머니를 선택한 일이 없습니다. 저의 부모님도 저와 같은 아들을 낳아야겠다고 결심하시거나 계획하신 일이 없습니다. 그렇지만 저는 저의 부모님을 통하여 이 땅에 태어났고, 부모님은 저를 아들로 두게 되었습니다. 이는 오로지 하느님께서 내려주신 축복입니다.

요셉과 마리아도 하느님의 축복 속에서 아버지가 되고 어머니가 되어서 예수와 더불어 하나의 가정을 이루게 됩니다.

우리가 복음을 통해서 알 수 있는 것처럼 예수, 마리아, 요셉이 한 가정을 이루기까지는 많은 우여곡절이 있었습니다. 그 우여곡절은 마리아가 혼전임신한 사실이 드러남으로써 시작됩니다. 마리아의 혼전임신은 마리아는 물론이고 요셉까지도 엄청난 고뇌와 갈등에 빠지게 합니다. 마태오 복음 1, 18은 요셉이 겪었던 갈등과 고뇌를 생생하게 전해 줍니다. 요셉은 마리아와 파혼할 결심을 합니다.

그러나 요셉과 마리아는 이 고뇌와 갈등을 지혜롭게 극복합니다. 하느님께 대한 믿음과 서로에 대한 신뢰 그리고 사랑이 이 고뇌와 갈등을 극복하는 원동력입니다. 요셉과 마리아가 인간적으로 겪었던 이 고뇌와 갈등을 극복하지 못했더라면 인류는 예수 성탄의 기쁨을 노래하지 못했을 것이고, 오늘과 같은 성가정 축일도 없었을 것입니다.

요셉과 마리아는 예수의 부모가 될 자격이 있는 사람들입니다. 가정이란 한 남자와 한 여자의 만남으로 이루어집니다. 두 남녀의 만남과 결합에는 인간적인 갈등과 고뇌가 있게 마련입니다. 성격이 다르고 자라난 환경이나 취향이 다르고 교육수준이 다른 남녀가 만나서 부부가 되고 가정을 이루어서 함께 살아가는 데 문제가 없을 수 없지요. 당연히 여러 가지 갈등과 고뇌가 따르게 됩니다. 두 남녀가 이런 고뇌와 갈등을 극복하지 못하면 가정 공동체를 만들어 낼 수 없습니다.

  목수 요셉과 마리아가 겪었던 고뇌와 갈등은 모든 부부가 겪는 고뇌와 갈등의 본보기입니다. 부부들은 크든 작든 여러 갈등을 겪게 마련입니다. 요셉과 마리아는 지혜롭게 자신들이 인간적으로 겪는 고뇌와 갈등을 극복합니다.

  복음서는 천사가 나타나서 마리아의 혼전임신을 요셉에게 해명함으로써 그 갈등을 극복한다고 증언합니다.

  요셉과 마리아는 성숙한 인격과 인간성을 지닌 사람들입니다. 그들의 성숙한 인간성은 파란만장한 인생행로 끝에 얻게 된 열매라기보다 하느님께 귀의한 믿음을 바탕으로 한 것입니다. 두 사람 다 결혼 적령기의 청년이기 때문입니다.

  요셉과 마리아는 믿음을 바탕으로 한, 성숙한 인격으로 서로를 신뢰하고 서로를 사랑하면서 그들 사이에 닥친 위기를 극복합니다. 마리아의 혼전임신이라는 엄청난 위기를 극복하게 된 두 사람은 가정을 이루고 예수의 부모가 됩니다.

  구세주 예수님께서 큰 믿음과 훌륭한 인간성을 갖춘 마리아와 요셉을 부모로 삼아 이 땅에 태어난 것은 우연이 아닙니다. 요셉과 마리아는 예수님의 부모가 될 수 있는 자격을 갖춘 사람들입니다.

  요즘 젊은 사람들이 결혼하여 가정을 이룰 때, 무엇을 가장 소중한 것으로 생각하고 있는지 모르겠습니다. 언젠가 신문에서 신혼 첫날 서로 갈라서는 부부도 있다는 기사를 보았습니다. 우리나라는 OECD 국가 중에서 이혼율이 가장 높은 나라로 나타나고 있습니다.

왜 이런 불행한 일들이 벌어집니까? 결혼하는 사람들이 인격적으로나 인간적으로 덜 성숙했기 때문입니다. 몸은 성년이 되어서 아버지가 되거나 혹은 어머니가 될 수 있을 만큼 성숙했지만, 정신은 가정을 이루고 부모가 될 만큼 성숙하지 못한 탓입니다. 결혼이 무엇인지, 가정을 이루는 것이 무엇인지 알지도 못하고 만나서 결혼을 하고 부부가 됩니다.

부부가 되어서 가정을 이루는데 가장 중요한 요소는 하느님께 대한 믿음과 서로의 신뢰 그리고 사랑입니다. 이 세 가지 중요한 요소는 소홀히 하면서 집안 내력이나 배경, 재력이나 학력 또는 혼수 따위를 따집니다.

좋은 집안 배경과 재력과 학력을 지녔다 하더라도 부부가 서로 믿지 못하고 신뢰하지 못하면, 그리고 사랑도 없고 애정도 없다면 그 가정은 좋은 가정이 될 수 없습니다.

한편, 보잘것없는 집안 내력과 재력과 학력의 소유자들이라 할지라도 부부가 서로 믿고 신뢰하고 사랑하면 그 어떤 위기와 시련이 닥쳐도 극복할 수 있고, 평화롭고 화목한 가정을 만듭니다. 하느님께서는 이런 가정에서 큰 인물이 태어나게 하시고, 하늘의 큰 뜻을 펼치십니다.

물질적인 풍요와 안락, 경제적인 부를 최고의 가치로 생각하는 얼빠진 정신을 가진 부부와 부모들이 가정을 병들게 하고 아이들을 망치고 자기 자신들도 병듭니다.

  가정 공동체를 꾸려가기 위해서는 돈도 필요하고 물질적인 풍요로움도 있어야 합니다. 그래야 살림살이도 할 수 있고 아이들도 교육할 수 있습니다.

  그러나 그것들이 부부 서로의 믿음과 신뢰, 사랑과 애정보다 앞설 수는 없습니다. 부부 사이에 위기가 닥치고 시련이 올 때, 그리고 가정에 어떤 어려움이 닥쳤을 때, 그 위기를 극복하는 힘은 믿음과 사랑에서 나오는 것이지 돈이나 재물 따위에서 나오지 않습니다.

  목수 요셉과 마리아는 가난한 사람들입니다. 그들은 자신들에게 들이닥친 위기를, 하느님께 대한 믿음과 서로에 대한 신뢰 그리고 사랑으로 극복하고 성가정을 이룹니다.

  우여곡절 끝에 가정을 이루고 아들 예수까지 얻게 된 이 가정은 또 한차례 위기에 봉착하게 됩니다. 유다 지방을 통치하고 있는 헤로데 왕의 손길이 바로 그것입니다. 헤로데는 자기 아닌 또 다른 왕이 태어났다는 박사들의 말을 듣고 그 아기를 죽일 음모를 꾸밉니다.

  요셉은 가장으로서 그리고 예수의 아버지로서 자신에게 주어진 책무를 다하기 위하여 마리아와 아기 예수를 데리고 이집트로 도망칩니다. 가장으로서 남편으로서 아버지로서의 소명을 다하기 위해서 요셉은 주저함이 없습니다. 그는 헤로데의 흉계를 감지하자

즉각적으로 행동합니다. 그는 헤로데의 손길이 미치지 않는 이집트로 가족들을 이끌고 피난살이를 떠납니다. 오늘 우리가 들은 복음의 대목입니다.

요셉은 가장의 도리, 남편의 도리, 아버지의 도리를 다하기 위하여 최선을 다합니다. 가장에게 주어진 소명은 가정을 지키고 자신에게 맡겨진 생명을 보호하는 일입니다. 요셉은 가정을 지키기 위하여 모든 노력을 다 바칩니다.

요셉이 인간적인 육정을 넘어서서 이렇게 행동할 수 있었던 것은, 하느님께 귀의하는 믿음과 마리아와 예수에 대한 지극한 사랑을 가지고 있기 때문입니다.

요셉은 큰 그릇의 인물이요, 구세주 예수의 아버지가 될 자격이 있는 인물입니다.

헤로데의 박해라는 또 다른 위기를 요셉과 마리아는 이렇게 극복합니다. 믿음 깊은 요셉의 사랑의 울타리 안에서 마리아와 아기 예수는 평화를 누립니다.

가정생활을 하고 계시는 여러분들은 가정 공동체의 길에서 온갖 유혹과 시련, 고통과 우환이 들이닥친다는 사실을 잘 아실 뿐 아니라 직접 체험합니다. 여러분들은 여러분들의 가정에 쉼 없이 닥치는 이런 위기들을 어떻게 그리고 무엇으로 극복하고 있습니까? 하느님께 귀의하는 믿음과 부부 서로의 신뢰와 사랑이 가정에 닥친 위기를 극복하는 원동력이 된다는 사실을 명심하시기 바랍니다.

　물질적으로 풍요롭고 부요한 가정이 성가정이 되는 것이 아니라 하느님께 귀의하는 가정이 성가정이 됩니다. 시련과 고통, 우환 없는 가정이 성가정이 아니라, 시련과 우환이 닥쳐도 믿음과 사랑으로 그 위기를 지혜롭게 극복하는 가정이 성가정이 됩니다. 여러분들의 가정이 요셉과 마리아가 이룬 성가정을 본받기를 기도합니다.

사순 시기

죽으시는 예수님

재(灰)의 수요일

요엘 2,12-18
2코린토 5,20-6,2
마태오 6,1-6.16-18

하느님과 대면하는 계절

교회는 전례력(典禮歷)이라는 달력을 가지고 있습니다. 전례력은 예수님의 생애와 맞물려 있습니다.

우리는 예수를 스승이요 주님이라고 고백하는 그분의 제자들입니다. 예수의 제자들이기 때문에 예수의 삶을 본받고, 예수의 삶에 동참하고자 합니다. 예수의 삶이 그리스도인들의 삶이 되어야 합니다. 전례력은 그리스도인들을 예수님의 삶에로 초대하고 있습니다.

농부는 절기(節氣)를 잘 알아야 합니다. 절기에 맞추어서 논밭을 갈고, 씨를 뿌리고 거름을 넣어서 농사를 지어야 합니다. 절기(節氣)를 놓치면 아무리 비옥한 논밭에 농사를 짓는다 하더라도 풍성한 결실을 얻을 수 없습니다. 어부도 마찬가지입니다. 물때를 잘 알아야 합니다. 물때를 놓치면 고기를 잡을 수 없습니다.

그리스도인들이 전례력에 맞추어서 신앙생활을 하는 것도 같은 이치입니다. 오늘 재의 수요일부터 시작하는 사순절(四旬節)은 예수님 생애의 끝부분과 맞물려 있습니다. 예수님은 십자가의 죽음으로 지상에서의 당신 삶을 마감합니다.

십자가는 예수님 삶의 정점입니다. 예수님은 33년이라는 길지 않은 생애를 사셨습니다. 그 생애는 십자가를 향한 것입니다. 십자가는 예수님이 올라야 할 산의 정상이었습니다. 십자가는 예수님이 당신의 사랑, 당신의 삶을 모두 바쳐서 쌓아 올린 제단입니다.

오늘부터 시작하는 사순절 40일은 예수님의 십자가를 묵상하는 계절입니다. 예수님이 십자가라는 정상을 향해 걸어가셨듯이, 그분의 제자인 우리도 저 십자가 정상을 향해서 한 걸음씩 그분 뒤를 따르는 시간이 사순절입니다.

십자가의 모양과 크기는 사람에 따라서 다릅니다. 예수님은 예수님이 져야 할 십자가가 있고, 저는 제가 져야 할 십자가가 있고, 여러분도 여러분이 져야 할 십자가가 있습니다. 모양과 크기는 다르지만, 그 십자가 안에는 생명의 씨앗이 있습니다. 십자가는 부활의 바탕입니다. 자신에게 다가오는 십자가를 외면하거나 거부하지 않고, 기쁘게 지면 십자가를 통해서 부활에 도달하게 됩니다.

오늘 우리는 머리에 재(灰)를 받습니다. 사제는 재를 머리에 얹어 주면서 이렇게 말합니다. '회개하고 복음을 믿어라.' 또는 '사람아, 흙에서 왔으니, 흙으로 다시 돌아갈 것을 생각하여라.'

예수님의 제자로서 그분의 뒤를 착실히 따르는 신앙인이 되려면 정직해야 합니다. 정직하고 밝은 눈으로 자신을 바라보는 사람이 예수님의 제자답게 그분의 뒤를 따를 수 있습니다. 하느님 앞에 발가벗은 모습으로 서서 자신의 모습을 볼 수 있을 때, 자신의 십자가도 기쁘게 질 수 있습니다.

회개(悔改)란 정직한 눈으로 자신을 바라보는 것입니다. 나를 겉꾸미는 것들을 모두 벗어던져야 비로소 본래 나의 모습을 보게 됩니다. 불가(佛家)에서는 본래 나의 모습을 진아(眞我), 즉 '참 나'라고 합니다. 본래 나의 모습인 진아(眞我)를 보지 못하게 되는 것은 망아(妄我) 때문입니다. 망아란 갖가지 껍데기로 둘러싸인 '거짓 나'를 말합니다. 돈과 재물, 권력과 지위, 젊음과 건강, 학벌과 명예, 재능과 재주 따위로 치장한 나는 참 나, 진아가 아니라 거짓 나 망아입니다.

망아에 눈이 멀고 마음을 빼앗기면 지옥을 만들게 됩니다. 더 많이 가지기 위해서 빼앗거나 사기 쳐야 합니다. 더 높은 곳에 오르기 위해서 이웃을 끌어내리거나 짓밟아야 합니다. 더 큰 향락을 누리기 위해서 이웃과 형제들에게 고통을 강요하게 됩니다. 망아, 거짓 나에 눈먼 사람들은 이렇게 지옥을 만듭니다.

회개란 거짓 나가 아니라 참 나인 진아를 찾고 바라보는 것입니다. 그렇다면 진아, '참 나'는 무엇입니까? 나를 겉꾸미고 있는 것들을 한 겹씩 벗겨내면 그 속에 참 나인 진아의 모습을 볼 수 있습니다. 참 나의 모습은 한 줌 흙입니다.

사순절을 시작하면서 머리에 재를 받는 이유는 밝은 눈, 즉 회개하는 눈으로 한 줌 흙에 지나지 않는 본래 나인 진아의 모습을 보라는 예수님의 초대입니다. 본래 나, 진아의 모습을 보는 사람은 비로소 사랑하기 위해서 다가오는 십자가, 용서하기 위해서 다가오는 십자가, 자신을 희생하고 내어주기 위해서 다가오는 십자가를 기쁘게 지고 스승 예수의 뒤를 따를 수 있게 됩니다. 그러나 망아, '거짓 나'에 매달리게 되면 예수님의 초대를 거절할 수밖에 없습니다.

본래 나, 진아는 한 줌 흙에 지나지 않지만, 스승 예수님의 뒤를 따를 때 하늘 아버지의 사랑을 받게 됩니다. 하늘 아버지의 사랑을 받으면, 한 줌 흙은 보석처럼 빛나기 시작합니다. 하늘 아버지의 사랑은 한 줌 흙에 생명의 씨앗을 심어 주십니다. 한 줌 흙 위에서 생명 나무는 아름다운 꽃을 피워 향기를 풍기게 됩니다. 끝내 그 생명 나무는 부활을 열매 맺게 됩니다.

스승 예수님께서는 복음을 통해서 우리가 어떻게 사순절 40일을 지내야 하는지 말씀해주십니다. 한 마디로 '거짓 나' 망아가 아니라 '참 나' 진아를 찾는 계절이 되어야 한다고 말씀하십니다.

망아에 매달리는 사람들은 사람들 보는 앞에서 의로운 일을 하고, 칭찬받으려고 자선을 합니다. 기도도 많은 사람들이 오가는 길모퉁이에 서서 합니다. 단식할 때에도 침통한 모습으로 얼굴을 찌푸리며 자신이 단식하고 있다는 사실을 다른 사람들에게 알립니다. 예수님은 망아에 매달려 하는 이런 짓들을 위선(僞善)이라고 질

타합니다.

그러나 진아를 찾는 사람은 아무도 모르게 의로운 일을 하고, 오른손이 하는 일을 왼손이 모르게 자선을 베풉니다. 기도도 하느님과 대면하여 골방에서 합니다. 단식할 때에도 머리에 기름을 바르고 아무도 모르게 합니다. 그렇지만 하늘 아버지는 그 모든 것을 보고 계십니다.

오늘부터 시작하는 올해의 사순절 40일이 '참 나', 진아(眞我)를 찾는 시간이 되기를 바랍니다. 발가벗고 하느님 앞에 서서 자신을 정직한 눈으로 바라보는 회개의 시간이 되기를 바랍니다. 그리고 사랑하기 위해서, 용서하기 위해서, 자신을 버리고 내어주기 위해서 다가오는 십자가를 기쁘게 지는 시간이 되기를 바랍니다.

하느님께서 한 줌 흙에 지나지 않는 여러분들 안에 심어주신 복음의 씨앗이 튼실하게 자라나서 아름답고 향기로운 꽃을 피우고 끝내 부활의 열매를 맺는 계절이 되기를 바랍니다.

사순 제 1 주일

창세기 2,7-9. 3,1-7
로마 5,12-19
마태오 4,1-11

유혹의 계절

몇 해 전 『무소유』의 저자 법정 스님이 입적(入寂)했습니다. 저는 개인적으로 그 비구승(比丘僧)을 존경합니다. 그의 글도 좋아하지만, 수행자(修行者)로서 그의 청빈했던 삶을 좋아합니다. 그는 말보다는 글로서 가르침을 펼쳤는데, 그의 글은 누구나 쉽게 읽을 수 있는 수필이나 에세이 형식입니다.

그의 쉬운 글 가운데는 참으로 쉽지 않은 삶의 길이 제시되어 있습니다. 안타깝게도 그의 책을 읽는 사람들은 쉽고 아름다운 그의 글에는 감탄하면서도, 그가 제시한 삶의 길에는 쉽게 동참하지 않습니다. 그가 제시한 밝고 향기로운 삶의 길에 동참하려면 많은 것을 포기해야 하기 때문입니다.

비구 법정은 입적한 지 이틀 후인 3월 13일 송광사 다비장에서 한줄기 연기로 사라졌습니다. 남은 것은 한 줌의 재였는데, 그의 제자 문도(門徒)들이 그 재를 거두어서 평소에 그가 머물던 불일암(佛日庵)과 강원도 산골 암자 앞뜰에 뿌렸습니다. 그의 마지막 모습을 보면서 사람이란 한 줌 흙먼지에서 왔고, 끝내 한 줌 흙먼지로 돌아가고 만다는 사실을 실감했습니다. 사람이 한 줌 흙먼지에 지나지 않지만, 사람이 사람다울 수 있는 것은 하느님의 숨결이 그 속에 살아있기 때문입니다.

오늘 제1독서에서 창세기 말씀은 이렇게 시작됩니다. "주 하느님께서 흙의 먼지로 사람을 빚으시고, 그 코에 생명의 숨결을 불어넣으시니, 사람이 생명체가 되었다."(창세기 2, 7)
사람은 본래 흙의 먼지입니다. 그 흙의 먼지가 생명체가 된 것은 하느님의 숨결로 인한 것이라는 말씀입니다.
사람이 가장 아름다울 때가 언제입니까? 자기가 한 줌 흙먼지에 지나지 않는다는 사실을 깨달을 때입니다. 자신이 한 줌 흙먼지라는 사실을 깨닫는 사람은 자신을 사람이 되게 하는 하느님의 숨결을 사랑합니다.
하느님의 숨결을 사랑하는 사람은 하느님의 숨결에 귀를 기울이고 하느님의 숨결이 자신 안에서 자유롭게 활동할 수 있도록 자신을 비웁니다. 자기를 비우면 비울수록 하느님의 숨결은 더욱 활발하게 활동합니다. 하느님의 숨결이 활발하게 활동하는 사람은 하느님의 모상으로서 아름답게 빛납니다. 우리의 스승 예수님이 바로 이런 분입니다.

예수님께서 광야에서 40일간 기도하고 있을 때 큰 유혹과 대면하게 됩니다. 악마는 이렇게 유혹합니다. "당신이 하느님의 아들이라면 이 돌들에게 빵이 되라고 해보시오."

돌을 빵으로 만든다? 아무리 생각해도 돌이 빵이 될 수는 없습니다. 하느님이라고 하더라도 돌로 빵을 만들 수 없습니다. 돌로 만들어진 빵은 먹을 수 없습니다. 쌀가루나 밀가루로 만들어진 빵이어야 먹고 주린 배를 채울 수 있습니다. 그런데 돌로 빵을 만들어서 어쩌자는 것입니까? 먹지도 못하는 빵을 만들어 놓고 내가 하느님의 아들입네 자신을 뽐낸다는 것은 어리석음이지요. 예수님은 "사람은 빵만으로 살지 않고 하느님의 입에서 나오는 모든 말씀으로 산다."라고 응답하시면서 터무니없는 짓을 거절합니다.

악마는 예수님을 예루살렘 성전 꼭대기에 세우고 뛰어내려 보라고 유혹합니다. 슈퍼맨이나 스파이더맨이 되어보라는 주문입니다. 그렇지만 뛰어내리면 추락사(墜落死)할 것이 뻔한데 왜 뛰어내립니까? 만일 뛰어내리면 자신의 능력을 뽐내기도 전에 온몸이 부스러져 죽고 맙니다.

세상에서 가장 어리석은 사람이 자신이 누구인지 주제 파악도 하지 못하고 함부로 날뛰는 사람들입니다. 비록 뛰어내릴 능력이 있다 해도 안전이 보장되지 않은 짓을 왜 해야 합니까? 주제 파악이 안 된 교만한 사람이 그렇게 합니다. 예수님은 자신이 높은 성전 꼭대기에서 뛰어내릴 능력이 없다는 것을 너무나 잘 알고 있습니다.

하느님께서는 사람을 날개가 달린 새처럼 창조하시지 않았습니다. 높은 데서 뛰어내리면 죽도록 만들어 놓았습니다. 예수님께서는 악마에게 이렇게 응답하면서 뛰어내리지 않습니다. "주 너의 하느님을 시험하지 마라."

끝으로 악마는 예수님을 높은 산으로 데리고 올라가서 온 세상의 부귀영화를 보여주고 난 후, 자기에게 절하면 모든 것을 주겠노라 유혹합니다. 악마의 졸개가 되어서 악마와 야합하고 온 세상의 통치자가 되라는 유혹입니다.

실제로 대부분의 권력자들이 악마의 졸개가 되어서 국리민복(國利民福)이 아니라, 자신의 권력욕을 채우려고 노력합니다. 세상의 부도덕하고 부정한 권력자들은 모두 악마의 졸개들입니다.

예수님은 악마의 유혹을 단호하게 거절합니다. "사탄아, 물러가라. 성경에 기록되어 있다. '주 너희 하느님께 경배하고 그분만을 섬겨라.'"

예수님의 태도는 분명합니다. 악마의 졸개가 되어서 권력을 휘두르기보다, 아무 권력도 없는 무력한 소시민이 되어서 하느님을 섬기는 편을 택하겠다는 것입니다.

우리는 예수님을 하느님의 아들이라고 고백합니다. 예수님은 하느님의 아들입니다. 예수님께서 세례를 받으시고 물에서 올라오셨을 때(마태 3, 17), 예수님께서 높은 산에서 영광스러운 모습으로 변모하셨을 때(마태 17, 5) 하늘에서 이런 소리가 들려옵니다. "이는 내가 사랑하는 아들, 내 마음에 드는 아들이다."

예수님이 하느님의 아들이 되는 이유는 돌을 빵으로 만들 수 있거나, 성전 꼭대기에서 무사히 뛰어내릴 수 있는 능력이 있어서가 아닙니다. 예수님이 하느님의 아들이 되는 이유는 철저하게 무능무력(無能無力)한 한 인간이기 때문입니다. 예수님은 무능무력하기 때문에 하느님께 귀의(歸依)할 수밖에 없습니다.

예수님은 자신이 누구인지 알았기 때문에 터무니없는 악마의 유혹을 물리칠 수 있었습니다. 돌을 빵으로 만들 수도 없고, 성전 꼭대기에서 뛰어내릴 수도 없는 무능한 사나이 예수, 악마에게 절하기만 하면 천하를 호령할 수 있는 권력을 얻을 수 있지만 힘없는 소시민이 되어 하느님을 섬기기로 작정한 예수님은 하느님의 아들입니다. 예수님은 무능무력하기 때문에 하느님께 철저하게 귀의(歸依)하고 하느님의 권능에 참여합니다.

우리는 성경 안에서 여러 가지 기적과 이적을 행사하시는 예수님을 만납니다. 그러나 예수님에게서 나오는 기적과 이적의 능력은 그분의 힘이 아닙니다. 예수님을 통해서 나타나는 하느님의 권능입니다. 예수님은 아무것도 할 수 없는 무능한 인간이지만, 하느님께 귀의하였기에 예수님을 그분을 통해서 하느님의 권능이 드러납니다. 예수님은 자신의 능력을 뽐내기 위해서 기적을 하신 것이 아니라, 하느님의 영광과 권능을 드러내신 것입니다. 하늘 아버지의 영광을 드러내신 예수님은 하느님의 아들입니다.

창세기의 아담과 하와는 자신들이 한 줌 흙먼지에 지나지 않는 존재라는 사실을 망각하고 금단의 열매를 따먹습니다. 스스로 하느님과 같은 존재가 되려고 했던 것입니다. 그러나 그 결과는 낙원에서의 추방과 한 줌 흙먼지로 돌아감입니다.

재의 수요일에 우리는 머리에 재를 받고 올해의 사순절을 시작했습니다. 사순절은 하느님께로 귀의하는 시간입니다. 그리하여 하느님의 권능과 영광에 참여하는 시간입니다. 정직한 눈으로 자신을 바라보는 사람만, 자기가 누구인지 아는 사람만 하느님께 귀의할 수 있습니다. 우리는 한 줌 흙먼지입니다. 그러나 자신이 한 줌 흙먼지라는 사실을 알고 하느님께 귀의하면, 하느님께서 우리를 통해서 당신 권능의 손길을 펼치십니다. 올해 사순절을 거룩하게 보내시고 철저히 하느님께 귀의하는 삶을 사시기를 기원합니다.

사순 제 2 주일

창세기 12,1-4
2티모테오 1,8-10
마태오 17,1-9

하느님 마음에 드는 아들

저는 산을 좋아합니다. 산을 너무 좋아한 나머지, 높은 산만 보아도 오르고 싶은 마음에 가슴이 울렁거립니다. 전국의 유명한 산은 거의 다 올랐고, 백두산에도 다녀왔습니다.

제가 산을 좋아하는 이유는 산이 하느님을 닮았기 때문입니다. 산은 하느님처럼 언제나 그 자리에 있습니다. 그냥 그 자리에 있지만 산은 온갖 생명들을 품고 있습니다. 갖가지 나무와 풀, 꽃은 물론이고 온갖 동물들과 곤충, 새들의 보금자리입니다. 여러 가지 모양의 기암괴석(奇巖怪石)과 큰 바위들이 어우러져서 사람들이 인공적으로 도저히 만들어 낼 수 없는 아름다움을 간직하고 있습니다. 물은 생명의 근원인데 산에서 물이 흘러내려서 시내와 강을 이룹니다. 산은 늘 그 자리에 있지만 계절 따라서 다양하게 그 모습을 바꿉니다. 같은 산이지만 오를 때마다 다른 느낌을 받게 되는 이유입니다.

산은 찾아와서 오르는 사람이면 남녀노소 빈부귀천을 따지지 않고 모든 사람을 다 받아줍니다. 다만 산은 제 발로 스스로 오르는 사람만 품어줍니다. 돈이 아무리 많아도 돈으로 산을 오를 수 없습니다. 대통령이라고 할지라도 자기 발로 걸어서 올라야 하지 아랫사람에게 대신 올라 달라 할 수 없습니다. 공부를 많이 해서 높은 학식을 가진 사람도 지식이나 머리로 산을 오를 수 없습니다. 두 발로 올라야 합니다. 산에 대해서 많이 안다고 하는 사람도 산을 설명할 수 없습니다. 직접 올라서 체험해보지 않으면 산을 알 수 없습니다.

하느님은 산입니다. 하느님이라는 산과 대면하기 위해서, 하느님이라는 산에 오르기 위해서는 발가벗어야 합니다. 하느님의 산을 오르는 데는 재물이나 돈, 권력이나 명예, 지식이나 재능 따위는 도움이 되지 못합니다. 그런 것들을 덕지덕지 덧입거나 지고 있는 사람은 결코 하느님 산에 오를 수 없습니다. 순수한 인간이 되어서 자기 두 발로 하느님의 산에 오르는 사람만 하느님과 대면할 수 있습니다.

예수님은 베드로와 야고보 그리고 요한을 데리고 높은 산에 오릅니다. 성서학자들은 예수님이 오른 산을 갈릴레아 지방에 있는 타볼 산이라고 추정합니다. 지리적으로는 타볼 산이겠지만, 실제로 예수님은 하느님 산에 오른 것입니다.

하느님의 산에 오른 예수님은 감추어져 있던 본래의 모습을 드러냅니다. 그 모습은 권력이나 명예, 돈이나 재물, 지식이나 재주 따위 세속적인 가치로 겉꾸민 모습이 아닙니다. 인간 본래의 모습, 하느님으로부터 사랑받는 아들의 모습을 드러냅니다. 그 모습이 너무나 아름답고 황홀합니다. 베드로는 황홀경에 빠져서 이렇게 말합니다. "주님, 저희가 여기에서 지내면 좋겠습니다. 원하시면 제가 초막 셋을 지어 하나는 주님께, 하나는 모세께, 또 하나는 엘리야께 드리겠습니다."(마태 17, 4) 한 인간으로서 예수님의 본래 모습은 영원히 함께 머무르고 싶도록 아름답고 황홀한 모습입니다.

창세기 1, 27은 이렇게 말합니다. "하느님께서 이렇게 당신의 모습으로 사람을 창조하셨다. 하느님의 모습으로 사람을 창조하시되 남자와 여자로 창조하셨다."

사람은 이렇게 하느님의 모습으로 창조되었기 때문에 있는 그대로의 모습이 가장 아름답습니다. 그렇지만 사람들은 자기를 더 아름답게 가꾸겠다고 온갖 잡동사니들로 겉꾸밉니다. 어리석음이지요.

돈이나 재물, 권력이나 명예, 지식이나 재능, 갖가지 장신구와 화장품, 명품 옷이나 신발 따위로 자신을 겉꾸미면 겉꾸밀수록 하느님이 만드신 사람 본래의 아름다움은 점점 사라집니다. 그뿐 아니라 자신을 만드신 하느님과의 거리도 멀어집니다. 불행은 여기서부터 시작합니다.

예수님의 제자인 우리는 하느님께서 만들어 주신 본래의 순수하고 아름다운 모습을 사랑하고 자랑할 수 있어야 합니다. 많은 사람들이 하느님이 만드신 사람 본래 모습을 잃고 자신을 겉꾸미는 돈이나 재산, 지위나 명예, 지식 따위를 자랑합니다. 바보들이 하는 짓거리입니다.

'나는 백 평짜리 맨션아파트에 산다, 나는 메르세데즈 벤츠를 탄다, 내가 걸친 목걸이는 수천 만 원짜리 명품이다, 나는 박사학위를 받았다, 나는 국회의원이다.' 라고 자신을 자랑합니다. 맨션아파트나 벤츠 자동차가 자기가 아닙니다. 명품 고가의 장신구가 자신이 아닙니다. 박사학위나 국회의원이 자기 또한 아닙니다. 그런데 그것들을 자기처럼 자랑한다는 것이 얼마나 처량하고 한심합니까?

껍데기를 자랑하는 인간들일수록 저질입니다. 껍데기를 가꾸고 꾸미느라 하느님이 만들어 주신 본래 자기 모습을 외면하고 소홀히 합니다. 이런 사람늘은 영적으로나 정신적으로 빈곤하고 초라합니다. 자신의 본래 모습을 잃고 자기 아닌 껍데기를 자기라고 착각하고 있으니 불쌍한 인간일 수밖에 없지요.

예수님이 높은 산에서 당신의 본래 모습을 보여주신 이유가 무엇입니까? 왜 동행했던 제자들이 스승 예수님의 모습을 보고 정신을 빼앗길 정도로 황홀경에 빠졌습니까? 누구든지 인간 본래의 모습, 하느님의 모상으로서의 본래의 모습을 되찾으면 황홀하도록 아름답게 된다는 메시지입니다.

예수님 곁에 모세와 엘리야가 나타나 그분과 대화를 나눕니다. 그들이 예수님과 함께 나눈 대화의 내용이 무엇이었겠습니까? 한 번 들어보시겠습니까?

'어느 백화점에 가면 명품 옷을 싸게 팔더라, 요즘은 세일 기간이야, 어떤 장신구를 걸치니까 더 잘 어울리더라, 이렇게 하면 돈을 더 잘 벌수 있어, 출세하려면 이렇게 해야 돼, 크고 좋은 아파트를 분양 받으려면 이렇게 하면 돼.'

만일 이런 대화를 나누셨다면 얼마나 한심합니까? 이런 저질 대화를 나누셨을 리 만무합니다.

모세는 이스라엘 백성들을 이집트에서 구출해낸 영도자입니다. 그는 시나이산에서 하느님으로부터 십계명을 직접 받은 인물입니다. 예언자 엘리야는 북부 이스라엘의 아합왕의 폭정과 우상숭배에 맞섰던 인물입니다. 그는 하느님 말씀에 충실 하느라 아합왕과 왕비 이세벨의 모진 박해를 받습니다. 그러나 끝까지 권력과 타협하지 않고 지조를 지키면서 하느님 말씀을 선포하다가 불 마차를 타고 하늘에 오릅니다.

예수, 모세, 엘리야 이 세 분들의 대화는 앞서 들으신 그런 저질스러운 대화가 아닙니다. 그분들은 이런 대화를 나누었습니다. 들어 보십시오.

"사람의 본래 모습은 지금 예수님 당신 모습처럼 아름답고 황홀하지요. 누구든지 본래 모습을 되찾으면 행복하고 사랑스럽게 됩니다. 그런데 본래 모습을 되찾으려면, 자신을 감싸고 있는 껍데기들, 욕망의 찌꺼기들을 벗어던져야 하지요. 사람을 저질스럽게 만드는 껍데기들을 벗어던지면 비로소 하늘의 소리를 들을 수 있습니다. 온 인류가 본래의 아름다운 모습을 되찾으면 좋겠습니다."

제자들은 하늘로부터 이런 소리를 듣습니다. "이는 내가 사랑하는 아들, 내 마음에 드는 아들이니 너희는 그의 말을 들어라."(마태 17, 5)

지금 우리는 사순절을 지내고 있습니다. 사순절은 하느님의 산으로 오르는 계절입니다. 하느님과 대면하는 계절입니다. 사순절은 잃어버린 인간 본래의 모습, 아름답고 황홀한 모습을 되찾는 계절입니다. 여러분들을 둘러싸고 있는 군더더기 껍데기들을 벗어던지기 바랍니다. 온갖 욕망의 찌꺼기들을 치우고 던져버리기 바랍니다. 순수한 본래 모습을 되찾아 하느님으로 사랑받는 예수님의 제자 되기를 기도합니다.

사순 제 3 주일
- 탈출기 17,3-7
- 로마 5,1-2.5-8
- 요한 4,5-42

생명(生命)의 물, 예수

저는 십여 년 전 함안군 칠서면에 자리잡고 있는 '가르멜의 모후 수녀원'의 지도 신부로 있었습니다. '가르멜의 모후 수녀원'은 봉쇄 수도원입니다. 사제관은 수녀원과 상당히 떨어진 언덕 위에 자리 잡고 있습니다. 높은 언덕 위에 자리 잡은 사제관에서는 유유히 흐르는 낙동강과 멀리 남지 읍내를 내려다볼 수 있습니다. 낙동강 위에는 함안군과 창녕군을 이어주는 오래된 철교가 가로놓여 있습니다. 저는 제가 살던 사제관의 옥호(屋號)를 하람한강(下覽閑江)이라고 지었습니다. 하람한강이란 '한가롭게 흐르는 강을 내려다보는 집'이라는 뜻입니다.

제가 그곳에 살면서 크게 의문을 가진 것이 하나 있습니다. 사제관 아래로 엄청나게 큰 낙동강이 흐르고 있는데, 아무 소리도 들을 수 없다는 사실입니다. 산에 가 보신 분들은 잘 압니다. 작은 계곡물이 얼마나 시끄러운 소리를 내면서 흐르는지. 작은 계곡물과는 비교가 안 되는 큰 강물이 흐르는데도 아무 소리가 나지 않는다는 사실이 믿기지 않아서, 저는 강물 흐르는 소리를 들으려고 철교 위에 서 봅니다. 철교 위에서 내려다보는 강물은 더럽고 혼탁합니다. 그리고 온갖 쓰레기들도 실려서 함께 떠내려옵니다. 놀라운 사실은 그렇게 큰 물이 도도하게 흐르는데도 정말 아무 소리가 나지 않습니다. 산에 흐르는 계곡물이 시끄러운 소리를 내면서 흐른다면, 큰 강물은 우레 소리를 내면서 흘러야 마땅한데 아무 소리도 나지 않는다는 사실이 믿기지 않지만 사실입니다.

침묵 속에서 온갖 찌꺼기와 쓰레기를 품고 도도하게 흐르는 낙동강이야말로 생명의 젖줄입니다. 태백에서 발원해서 굽이굽이 흘러 남해로 흘러드는 낙동강은 생명의 젖줄입니다. 대지는 말할 것도 없고 낙동강 인근의 수많은 도시와 농촌, 그리고 그 안에 살고 있는 사람, 동물, 가축, 깃가지 식물들과 농작물들이 낙동강의 물을 마시고 생명을 이어갑니다. 만일 낙동강 물이 오염되거나 고갈(枯渴)된다면 말할 수 없는 재앙이 닥치게 됩니다. 강이 살면 주변의 모든 생명들이 함께 살아나고, 강이 병들거나 죽으면, 주변의 모든 생명들이 병들거나 죽습니다.

저는 낙동강 변의 수도원에 살면서 그 강에서 예수님의 모습을 보았습니다. 예수님은 도도히 흐르는 큰 강입니다. 인간들이 온갖 오염물질을 내쏟아 더럽히고 갖가지 쓰레기들을 내다버려도 강은 말없이 그 모든 것을 품고 바다로 흐릅니다. 인간들이 자갈이나 모래를 퍼가려고 여기저기 파헤쳐서 상처를 내더라도, 개발이라는 이름으로 강을 착취하고 폭력을 행사해도 강은 말이 없습니다. 강은 강력한 자정(自淨) 능력과 치유의 힘을 지니고 있습니다. 일정 시간이 지나면 강은 인간들이 낸 상처들마저도 깨끗이 낫게 하고 온갖 생명들을 살려냅니다.

예수님은 강입니다. 예수님은 하느님의 바다로 흐르는 큰 강입니다. 큰 강 예수님이 흘러가는 곳마다 죽음의 기운이 물러가고 생명이 살아납니다. 예수님이 가는 곳마다 온갖 죄악으로 혼탁하고 더럽혀진 것들이 깨끗이 정화되어서 거듭 태어납니다. 예수님이 강물처럼 흐르면 온갖 장벽들이 무너져서 소통이 이루어집니다.

예수님은 사마리아 지방 야곱의 우물가에서 한 여인을 만납니다. 그리고 그 여인에게 이렇게 말씀하십니다. "내가 주는 물을 마시는 사람은 영원히 목마르지 않고 영원한 생명을 누릴 것이다." 예수님은 당신 자신을 생명의 물이라고 말씀하십니다. 예수님은 생명의 물길 큰 강입니다.

사마리아 지방은 유대인들에게는 금단(禁斷)의 땅입니다. 유대인들은 사마리아 사람들을 이방인처럼 경멸하면서 죄인시합니다. 유대인들은 먼 길을 돌아서 갈망정 사마리아 지방에 발을 들여놓지 않습니다. 그렇지만 큰 강물 예수님은 거침없이 사마리아 지방을 가로지릅니다. 가로지를 뿐 아니라 사람들을 만나서 생명의 물을 나누어줍니다.

인류를 갈라놓는 장벽이 많습니다. 국경, 언어, 인종과 민족 따위가 인류를 갈라놓고 분열과 갈등을 일으키는 장벽입니다. 예수님은 이런 장벽들을 모두 허물면서 흐르는 큰 강물입니다. 사마리아 사람들도, 팔레스티나 사람들도, 유대인들도, 한국 사람들도, 일본 사람들도 모두 하느님의 자녀들입니다. 큰 강물 예수님 안에서 온 인류는 장벽을 뛰어넘어서 한 형제자매가 됩니다.

예수님은 남녀의 성차별도 용납하지 않습니다. 예수님 시대에 여성은 인격체로 대우받지 못하고, 남성의 소유물이나 재산처럼 취급당했습니다. 더구나 남녀가 유별하여 공적인 자리에서 외간(外間) 남녀가 만나는 것이 용납되지 않았습니다. 그러나 예수님은 사회적인 편견과 성차별 의식을 뛰어넘습니다. 그리고 당당하게 우물가에서 사마리아 여인을 만납니다.

예수님이 만난 사마리아 여인은 사연이 많은 상처받은 여인입니다. 그녀는 과거에는 다섯 남자와 차례로 살았고, 지금 함께 살고 있는 남자도 남편이 아닙니다. 여성으로서 그녀의 삶이 평탄치 않았을 뿐 아니라 상처투성이라는 사실을 충분히 짐작할 수 있습니다.

그녀는 예수님과 대화를 나누는 동안 자신의 상처가 치유되었다는 사실을 깨닫습니다. 그녀의 가슴을 무겁게 짓누르고 있던 과거의 상처와 아픔이 치유되고, 어둡게 드리워져 있던 그림자들이 모두 사라졌다는 사실을 깨닫습니다. 그녀는 자기와 대화를 나누고 있는 나자렛 사람 예수님이 더러움을 씻어주고 상처를 낫게 하고 새 생명을 싹트게 하는 살아있는 강물이라는 사실을 깨닫습니다.

예수님을 만난 사마리아 여인은 어둡던 과거에서 벗어나서 부활합니다. 그리고 새 삶을 시작하게 됩니다.

사마리아 여인은 예수님과 대화를 나누는 동안 평소에 가지고 있던 큰 의문 한 가지를 풀게 됩니다. 어디서 하느님께 예배를 드려야 하는가 이것이 그 의문입니다. 사마리아 사람들은 예루살렘에 올라갈 수 없기 때문에 그리짐 산에 성소를 짓고 하느님께 예배를 드립니다. 그런데 유다인들은 자신들이 하느님을 독점하기라도 하듯이 예루살렘 성전에서만 예배를 드려야 한다고 주장합니다.

예수님은 여인에게 이렇게 말씀하십니다. 장소가 어디인가가 중요한 것이 아니시라면서 "그분께 예배를 드리는 이는 영과 진리 안에서 예배를 드려야 한다."(요한 4, 24)

하느님은 천지만물의 아버지, 온 인류의 아버지입니다. 하느님은 장소에 구애받는 분이 아닙니다. 가톨릭을 포함한 그리스도교가 하느님을 독점할 수 없습니다. 하느님을 성당이나 예배당 안에 가둘 수도 없습니다. 그런데도 그리스도교인들이 마치 자기들이 하느님을 독점하고 있듯이, 자기들만 하느님을 섬길 수 있는 특권을 가진 것처럼 처신한다면 그것은 교만입니다.

바르게 하느님을 섬기려면 성령(聖靈)의 비추심과 이끄심에 순종해야 합니다. 그리고 나의 생각이나 고집, 욕망이 아니라 진리(眞理) 즉 예수님의 가르침에 따라야 합니다. 그러면 어디서 누가 어떻게 하느님을 섬기든지 하느님은 기뻐하십니다.

스승 예수님은 생명을 주는 물이자 큰 강입니다. 강물처럼 도도히 흐르는 예수님은 자유인입니다. 그 무엇도 예수님을 가로막을 수 없습니다. 생명의 물, 예수님이 흐르는 곳에서는 모든 장벽이 허물어져서 하나가 됩니다. 인생살이에 상처받고 병든 사람들이 치유되고, 고달픈 세상살이에 지친 사람들이 위로와 안식을 얻습니다. 죄로 더럽혀진 인생들이 정화되어 되살아나고, 죽음의 그림자가 물러가고 부활의 새 봄이 찾아옵니다.
 저와 여러분 모두는 생명의 물, 예수님의 강가에 심어진 나무들입니다. 예수님의 생명으로 푸르게 자라서 아름답고 향기로운 꽃을 피우고 풍성한 은총의 열매를 맺어야 합니다.

사순 제 4 주일
- 1사무엘 16,1.6-7.
  10-13
- 에페소 5,8-14
- 요한 9,1-41

실로암 예수

예루살렘은 시온 산 위에 자리 잡은 도시입니다. 건조한 지역이기 때문에 물이 대단히 귀한 곳입니다. 예루살렘에는 유일하게 물이 솟는 샘이 있는데, 기혼 샘이 그것입니다. 기원전 701년 남부 유다의 왕 히즈키야가 큰 토목공사를 벌여서 기혼 샘에서 실로암 못까지 인공 수로를 만듭니다. 기혼 샘에서 솟는 물은 이 수로를 거쳐서 실로암 연못에 고였습니다. 실로암 연못은 물이 솟거나 개울물이 모여서 만들어진 자연 연못이 아니라, 인공적으로 만들어진 저수장(貯水場)입니다. 예루살렘은 비가 많이 오는 곳이 아니기 때문에, 거기 사는 사람들에게 실로암 못의 물은 생명수와 같은 역할을 합니다.

예수님은 태어날 때부터 눈먼 거지에게 실로암 못으로 가서 눈을 씻으라고 말씀하십니다. 눈먼 거지는 예수님이 누구인지도 모른 채 가서 눈을 씻습니다. 그리고 그는 어둠의 세계에서 벗어나서 광명천지로 나옵니다.

눈먼 거지가 예수님을 만나기 전에 할 수 있었던 일은 길가에 앉아서 지나가는 사람들의 동정심(同情心)을 구걸하는 것이 전부였습니다. 태어날 때부터 눈먼 사람이었기 때문에 밝은 세상이 있다는 사실도 몰랐습니다. 그는 어둠의 세계에 갇혀 자기 인생을 체념하고 길 가는 사람들이 던져주는 동전 몇 푼에 자기 인생을 걸 수밖에 없었습니다.

그는 천우신조(天佑神助)로 나자렛 사람 예수님을 만나게 됩니다. 예수님은 상징적인 행위를 합니다. 침을 뱉어서 진흙을 개어 그의 눈에 바릅니다. 그리고 실로암 못으로 가서 씻으라 하고 말씀하십니다.

눈먼 거지는 자기 앞에 어떤 일이 벌어질 것인지 모른 채 실로암으로 가서 눈을 씻습니다. 그 순간 그의 운명, 그의 인생, 그의 삶이 완전히 바뀌고 맙니다. 밝고 환한 세계가 그의 눈 앞에 펼쳐집니다. 어둠의 세계에 웅크리고 앉아서 구걸하던 그가 눈을 뜨고 보니 세상은 너무나 밝고 아름답습니다. 그는 세상은 넓고 할 일도 많다는 사실을 깨닫습니다.

눈을 뜨기 전에 그는 늘 자기가 다니던 익숙한 길만 걸어가야 했습니다. 다른 길을 간다는 것은 상상할 수 없었습니다. 다른 길을 가기 위해서는 큰 용기와 모험심이 있어야 하는데, 어둠의 세계에 감금당한 그는 모든 것을 체념하고 늘 걷던 익숙한 길만 걸었습니다. 그러나 눈을 뜬 후로 자기 앞에 펼쳐진 수많은 길을 봅니다. 많은 길 중 하나를 선택할 수 있고, 누구의 도움 없이 자기 두 발로 그 길을 걸어야 한다는 사실도 깨닫습니다.

눈을 뜬 그는 길가에 웅크리고 앉아서 지나가는 사람들의 동정심을 구걸하지 않습니다. 눈 앞에 펼쳐진 환하고 넓은 세상에서 당당하게 자기 발로 자기가 가야 할 길을 갑니다. 눈을 뜨게 된 그가 첫 번째 한 일은 바리사이파 사람들에게 자기 눈을 뜨게 해 주신 분은 예언자라고 선포한 것입니다.

바리사이파 사람들이 이렇게 묻습니다. "그가 당신 눈을 뜨게 해 주었는데, 당신은 그를 어떻게 생각하오?" 그는 이렇게 대답합니다. "그분은 예언자이십니다."(요한 9, 17)

예언자란 누구입니까? 예언자는 바른 인생길을 열어주기 위해서 하느님의 말씀을 선포하는 사람입니다. 예언자의 말에 순종하는 사람은 하느님의 말씀에 순종하는 사람이 됩니다. 하느님의 말씀에 순종하는 사람은 눈을 뜨게 됩니다. 그리고 그 앞에는 새로운 인생길이 열리게 됩니다.

예언자 엘리야 시대에 사렙타 마을에 살던 가난한 과부는 예언자 엘리야의 말씀에 순종합니다. 삼 년 반 동안 비 한 방울 내리지 않는 극심한 기근 속에서도 사렙타의 과부와 그녀의 아들은 살아남습니다(루카 4, 25-26). 예언자 엘리야의 말씀에 순종했기 때문에 과부의 기름병에서 기름이 떨어지지 않았고, 뒤주에 밀가루가 떨어지지 않았습니다.

예언자 엘리사 시대에도 이스라엘에는 수많은 나병환자들이 있었지만, 시리아 장군 나아만만 깨끗하게 치유를 받습니다(루카 4, 27). 예언자 엘리사는 나아만 장군에게 요르단 강에 가서 일곱 번 몸을 씻으라고 말합니다. 나아만은 처음에 혼탁하고 더러운 요르단 강물에 몸을 씻느니, 시리아 다마스쿠스의 맑고 큰 아바나 강이나 파르파르 강에서 씻는 것이 훨씬 더 낫겠다고 말하면서 돌아가려고 합니다. 그러나 하인들이 밑져야 본전이니까 엘리사의 말씀에 순종하면서 몸을 씻어보자고 권고합니다. 나아만은 엘리사 예언자의 말씀에 순종한 대가로 어린아이의 피부처럼 깨끗한 피부를 가지게 됩니다(2열왕 5, 1-15).

스승 예수님은 예언자 중의 예언자입니다(루카 24, 19). 예수님은 당신 말씀에 순종한 눈먼 거지의 눈을 열어주었습니다. 그에게 새로운 인생길을 열어주었습니다. 예수님을 만나기 전, 눈먼 거지의 삶은 지옥과 암흑 속에서의 삶이었지만, 예수님을 만나 그분의 말씀에 순종한 이후 그의 삶은 천국과 광명으로 바뀌었습니다.

예언자 예수님은 지옥 속에 있는 사람들을 천국으로, 암흑 속에 머무는 사람들을 광명으로 건너가게 하시는 분입니다. 건너가는 것을 과월(過越) 또는 파스카(Pascha)라고 합니다. 예언자 예수님은 눈먼 거지의 인생에 파스카, 건너감을 성취시켜 준 분입니다.

저와 여러분은 나자렛 사람 예수님을 만났습니다. 그리고 그분의 말씀을 들었고, 지금도 그분의 말씀을 듣고 있습니다. 처음 예수님을 만났을 때 우리는 세례성사를 받았습니다. 사제는 세례성사를 받는 사람의 이마에 물을 붓고, 기름을 바르고 안수합니다. 예수님이 눈먼 거지의 눈에 진흙을 바르고 실로암으로 가서 씻으라고 상징적인 행위를 하셨듯이, 우리도 이마에 물을 붓는 세례(洗禮)라는 상징적인 행위를 통해서 예수님을 만났습니다. 이런 상징행위를 성사(聖事)라고 합니다.

예수님의 상징행위는 단순한 상징으로 그치는 것이 아니라, 실질적인 효과를 냅니다. 그래서 눈먼 거지는 눈을 뜨게 됩니다. 우리도 세례성사를 통해서 실질적으로 죄 사함을 받았고, 하느님의 자녀로 거듭 태어나게 되었습니다. 세례를 통하여 암흑과 죽음의 세계에서 광명과 생명의 하느님 나라로 건너가게 되었습니다.

저는 가끔 제가 만일 예수님을 만나지 못했더라면, 제 인생이 어떻게 되었을까 하고 상상해봅니다. 지금쯤 어디서 어떤 모습으로 살아가고 있을까 상상해봅니다. 다행하게도 저는 스승 예수님을 만났고, 그분이 제 눈을 열어주셨습니다. 제가 예수님의 제자가 되어서 그분의 뒤를 따를 수 있게 된 것과 오늘 이런 모습으로 여러분 앞에 서 있게 된 것이 얼마나 감사한 일인지 모릅니다. 예수님을 만났고 그분의 말씀에 순종했기 때문에 누릴 수 있는 행복입니다.

오늘도 예수님은 우리에게 이렇게 말씀하십니다. "실로암 못으로 가서 씻어라." 세파에 시달리면서 고달픈 인생을 살아가노라 돈에 눈멀고, 애욕에 눈멀고, 미움과 증오와 원망으로 눈멀어서 어디가 바른 인생길인지도 모르고 천지사방을 헤매고 있는 눈먼 우리에게 예수님은 말씀하십니다. "실로암 못으로 가서 씻어라."

 우리가 눈과 마음을 씻고 새 삶을 찾게 될 실로암 못이란 어디입니까? 바로 이 자리, 오늘 우리가 성찬의 전례를 거행하는 이 자리가 실로암입니다. 하느님께 찬미를 드리면서 예수님의 말씀을 듣고, 그분을 생명의 양식으로 먹을 수 있는 성찬의 전례가 거행되는 이 자리가 실로암입니다. 부디 여러분 앞에 환한 새 세상이 열리기를, 스승 예수님 안에서 형제들과 함께 새로운 인생길을 걸어가시기를 기도합니다.

사순 제 5 주일
- 에제키엘 37,12-14
- 로 마 8,8-11
- 요 한 11,1-45

라자로야, 이리 나와라

우리는 4권의 복음서를 가지고 있습니다. 복음서는 하느님 나라의 기쁜 소식을 담고 있는 성경입니다. 그리스도인들은 복음서를 통해서 하느님의 말씀과 스승 예수님의 가르침을 듣습니다. 복음서는 그리스도인들에게 참 삶의 길, 구원의 길, 행복의 길, 생명의 길, 진리의 길을 가르쳐 주고 있습니다. 동시에 복음서는 나자렛 사람 예수님과 사람들과의 만남을 전해주는 경전이기도 합니다.

예수님은 허공에 하느님 나라의 기쁜 소식을 선포하지 않습니다. 사람들과의 만남을 통해서, 구체적인 삶 안에서 하느님 나라의 기쁜 소식을 선포합니다. 우리가 살고 있는 현실, 우리가 두 발 딛고 서 있는 이 자리, 사고 파는 시장바닥, 사랑하고 미워하고 용서하고 용서받는 여기가 진리와 생명의 길을 선포하는 현장입니다.

예수님은 많은 사람들을 만나고 그들과 함께 어울리면서 삶을 나누는 분입니다. 어떤 사람들을 당신의 제자로 부르기도 히고, 어떤 사람들과는 한 식탁에 어울려서 먹고 마시기도 합니다. 또 어떤

사람들, 특히 예수님 당시 권력층과 식자층이라고 할 수 있는 율법
학자들과 바리사이파 사람들과는 언쟁을 벌이기도 하고 다투기도
합니다. 어떤 사람들과는 아주 특별한 친분을 맺기도 합니다. 특별
한 친분을 맺고 있던 사람들 중에는 마르타와 마리아 그리고 라자
로가 있습니다.

오늘 우리는 죽은 라자로를 소생(甦生)시키시는 예수를 만납니다.
마르타와 마리아 그리고 라자로는 형제지간인데 베타니아에 살고
있습니다. 베타니아는 예루살렘에서 그리 멀지 않은 올리브 산 동
쪽에 자리 잡은 작은 마을입니다. 어떻게 해서 예수님과 그 형제들
이 가까운 인연을 맺게 되었는지 알 수 없습니다.

예수님은 자주 그들 집에 들러서 먹고 마시며 삶을 나누는 스스
럼없는 아주 친한 사이입니다. 친구이며 서로 사랑하는 사이입니
다. 예수님은 라자로가 죽어서 묻힌 지 나흘이나 지난 후에 그 집
에 도착합니다. 그리고 라자로를 무덤에서 불러냅니다.

라자로가 죽어 묻힌 지 이미 나흘이나 지났기 때문에 그 시신이
상당히 부패(腐敗)했고 악취가 난다고 마르타가 염려하지만, 예수
님은 그를 불러냅니다. "라자로야, 이리 나와라." 놀랍게도 라자로
는 온몸이 수의(壽衣)로 감긴 채 무덤 밖으로 걸어 나옵니다. 예수
님은 이렇게 말씀하십니다. "그를 풀어주어 걸어가게 하여라."(요한
11, 44)

우리는 인생길을 걸어가면서 많은 문제들과 마주치게 됩니다. 인

생살이는 그 문제들을 하나씩 풀어가는 여정(旅程)이라고 할 수 있습니다. 많은 문제들을 우리 스스로의 힘으로 풀 수 있고, 때로는 시간이 해결해 주기도 합니다. 우리 인생이 의미 있는 것도 이런 문제들을 풀 수 있는 능력이 우리에게 있기 때문입니다. 인생길에서 마주치는 문제들을 하나씩 풀어나갈 때 우리는 삶의 기쁨과 행복을 느끼게 됩니다.

어떤 문제들은 우리 힘으로 풀어낼 수 없는 근원적인 것들이 있습니다. 그런 문제와 마주치면 비로소 우리 자신을 돌아봅니다. 그리고 이렇게 묻습니다. 인생이란 무엇인가, 삶이란 무엇인가, 참 행복이란 무엇인가 하고 묻습니다.

생로병사는 우리의 힘이나 능력으로 명쾌하게 해답을 얻을 수 없는 문제들입니다. 태어나고 늙고 병들고 죽는 문제입니다. 그 중에서도 우리를 가장 고뇌하게 하는 문제가 죽음입니다. 의학기술이 발달하고 유전공학과 생명공학이 발달한 덕분에 태어나고 늙고 병드는 문제는 어느 정도 해결할 수 있습니다. 그렇지만 죽음은 도무지 풀어낼 수 없는 문제입니다.

우리는 죽음의 실체가 무엇인지 알지 못합니다. 죽음은 경험할 수 있는 것이 아니기 때문입니다. 죽었다가 살아난 사람이 있다면, 그는 죽음이 무엇이라고 말할 수 있습니다. 그러나 아무도 죽었다가 살아난 사람이 없습니다.

우리는 상시적으로 죽음과 대면합니다. 부모 형제의 죽음, 가족 친지의 죽음, 이웃의 죽음 등 거의 매일 죽음과 마주하면서도 죽음이 무엇인지 모릅니다. 죽은 자는 말이 없을 뿐 아니라, 아무리 사랑하는 사람이라 해도 죽어서 싸늘한 시체가 되어 버리면 그 거리감은 천리만리입니다. 죽음은 산 자와 죽은 자 사이를 가로막는 뛰어넘을 수 없는 장벽입니다. 그럼에도 불구하고 생명 있는 모든 것들은 죽음을 향해서 한 걸음씩 나아갑니다.

베타니아에 살고 있던 마르타와 마리아도 오빠 라자로의 죽음 앞에 망연자실합니다. 죽음은 모두를 슬픔과 고통 속으로 몰아넣고 삶의 한가운데 어두운 그림자를 드리웁니다. 이웃들도 라자로의 죽음을 함께 슬퍼하면서 마르타와 마리아를 위로하는 것 말고는 아무것도 해줄 것이 없습니다.

그러나 예수님은 다릅니다. 라자로의 동굴 무덤 문을 열게 하신 후 이렇게 기도합니다. "아버지, 제 말씀을 들어 주셨으니 아버지께 감사드립니다. 아버지께서 언제나 제 말씀을 들어주신다는 것을 저는 알고 있습니다. 그러나 이렇게 말씀드린 것은, 여기 둘러선 군중이 아버지께서 저를 보내셨다는 것을 믿게 하려는 것입니다."(요한 11, 41-42) 그리고 큰 소리로 외칩니다. "라자로야, 이리 나와라."

거짓말 같은 일이 현실로 다가옵니다. 죽은 지 나흘이나 지난 라자로가 온몸에 수의를 감고 무덤 밖으로 걸어 나옵니다. 예수님은 이렇게 말씀하십니다. "그를 풀어주어 걸어가게 하여라."

여기서 우리는 예수님의 참모습을 보게 됩니다. 하느님 아버지로부터 이 땅에 보냄 받은 예수님은 죽음 앞에 슬퍼하고 절망하는 마르타와 마리아를 위로하실 뿐 아니라, 인간의 근원적인 고뇌를 해결할 수 있는 능력을 지닌 분으로 드러납니다.

　예수님은 라자로를 어둡고 습기 찬 무덤에서 불러내시어 새 생명을 주시는 분입니다. 예수님은 라자로를 칭칭 동여매고 있는 죽음의 수의(壽衣)를 풀어주어서 새로운 삶의 길을 걷도록 해주시는 분입니다. 죽음의 그림자가 짙게 드리워져 있는 마르타와 마리아의 집은 라자로의 소생으로 환희와 생명의 빛이 가득 차게 됩니다. 슬픔은 기쁨으로 바뀌고, 초상집이 잔칫집으로 변합니다. 예수님은 모든 것을 근원적으로 뒤바꾸어 놓습니다.

　우리의 스승이요 주님이신 예수님은 마르타와 마리아, 그리고 라자로를 사랑하셨듯이 우리를 사랑하십니다. 예수님께서 자주 베타니아에 있는 마르타와 마리아의 집을 찾아 함께 먹고 마시며 삶을 나누셨듯이, 지금 이 성찬의 식탁에 우리를 초대하시고 우리에게 당신의 말씀을 들려주시고 당신 자신을 작은 밀떡인 성체 안에 담아 생명의 양식으로 내어주십니다.

　우리는 일상의 삶 속에서 많은 문제와 부딪치면 살고 있습니다. 우리는 생로병사의 고뇌 속에서 삽니다. 그렇지만 예수님으로부터 사랑받고 있는 우리는 늘 감사하면서 기쁨 속에서 생활할 수 있습니다. "라자로야, 이리 나와라."하신 예수님께서 우리를 어두운 무덤에서 불러내 주셨기 때문입니다. 라자로를 칭칭 감싸고 있던 죽음의 옷 수의를 벗겨 주신 예수님께서 우리에게서도 죽음의 옷을 벗겨 주시고 밝고 환한 생명의 옷을 입혀주십니다.

우리가 이 땅 위에서 두 발을 딛고 많은 한계 속에서 살고 있다 하더라도 예수님을 스승이요 주님으로 믿고 있는 우리는 이미 이 땅에서 하느님 나라를 누리고 있습니다. 육신의 한계를 벗어나지 못하는 처지이지만 이미 생로병사의 고뇌를 풀어주시는 예수님과 함께 우리는 자유인입니다. 우리를 사랑하시는 예수님과 함께 매일의 삶이 행복하시기를 기도합니다.

수난 성지주일

- 이사야 50,4-7
- 필립비 2,6-11
- 마태오 26,14-27,66

예수의 길

오늘부터 교회는 성주간(聖週間)을 지냅니다. 교회 전례력 중에서 가장 엄숙하고 거룩한 주간일 뿐 아니라 특별히 은혜로운 시간입니다. 성주간 전례에 적극적으로 참례하시고 예수님의 큰 사랑과 은총 받으시기 바랍니다.

성주간은 스승이요 주님이신 예수님 생애의 마지막 며칠을 기념합니다. 예수님은 당신 생애의 마지막을 처절하게 마무리합니다. 당신 스스로 마무리한다기보다 하느님 손에 당신의 운명을 온전히 내맡긴다는 표현이 더 적절합니다.

수난복음은 무력하고 처참한 모습으로 고통스럽게 당신의 삶을 마감하는 예수님의 모습을 전해줍니다.

총독 빌라도 앞에 서신 예수님은 그 누구의 변호도 없이 홀로 온갖 고발을 당합니다. 당신을 고발하는 사람들 앞에서 예수님은 단 한마디 "네가 그렇게 말하였다."(마태 26, 64)라고만 말합니다. 사람들이 예수님을 십자가에 못박아 매달고 온갖 욕설과 조소와 조롱을 퍼부을 때도 예수님은 침묵합니다. 군중들의 소란스러운 고발과 조롱에 비해 예수님의 침묵은 깊습니다.

예수님의 마지막 기도는 "엘리 엘리 레마 사박타니?" '저의 하느님, 저의 하느님, 어찌하여 저를 버리셨습니까?'입니다. 하느님을 원망하는 것처럼 들리지만 사실은 시편 22, 2을 노래하신 것입니다. 시편 22편은 하느님께 대한 흔들림 없는 신뢰와 구원을 노래하고 있습니다.

저는 얼마 전, 일본의 작가 엔도 슈사쿠의 『사해 부근에서』라는 소설을 읽었습니다. 소설 속의 주인공 예수님은 수난 복음에서 만난 예수님의 모습입니다. 나자렛의 목수 출신 예수님은 아무것도 할 수 없는 무능한 사람일 뿐 아니라, 자기의 목숨마저도 남의 손에 내맡겨야 하는 비참한 신세입니다. 그럼에도 불구하고 십자가의 죽음을 향한 그분의 발걸음은 조금도 흔들림이 없습니다.

예수님은 눈앞에 십자가가 빤히 보임에도 불구하고 흔들림 없는 발걸음으로 십자가를 향하여 걸어갑니다. 사람들은 예수님을 고발하고 조롱하고 모욕합니다. 그러나 예수님은 항변하거나 자신을 방어하지 않습니다. 처절하게 무능하고 무력한 모습으로 당신 자신을 온전히 그들 손에 내맡기고 십자가를 향해 걸어갑니다.

군중들은 예수를 십자가에 매달고 이렇게 조롱합니다. "네가 하느님의 아들이라면 십자가에서 내려와 보아라."(마태오 27, 40)

예수님께서 공생활을 시작하시면서 40일 동안 광야에서 기도하실 때도 꼭같은 유혹을 받습니다. 악마는 예수님을 성전 꼭대기에 세우고 이렇게 유혹합니다. "당신이 하느님의 아들이라면 밑으로 몸을 던져보시오."(마태 4, 6) 예수님은 그때, 성전 아래로 뛰어내려 당신이 하느님의 아들이라는 사실을 입증해 보이지 않습니다. 지금 다시 십자가에 높이 매달려 꼭같은 유혹을 받습니다. 십자가에서 내려오면 하느님의 아들이라는 사실을 믿어 주겠노라고.

그러나 이번에도 예수님은 십자가에서 내려옴으로써 당신이 하느님의 아들이라는 사실을 증명해 보이지 않습니다. 그 대신 예수님은 무능하고 무력한 모습으로 십자가에서 숨을 거두고 맙니다.

무력하고 무능하게 십자가 위에서 처형당하는 예수님의 모습을 보고 그분이 참으로 하느님의 아들이었다는 사실을 깨닫는 사람이 있습니다. 유다인이 아니라 이방인인 로마 군인 백인대장입니다. 그는 이렇게 말합니다. "참으로 이분은 하느님의 아드님이셨다."(마태 27, 54)

역설적입니다. 예루살렘 입성 때에 '호산나!' 하고 환호하던 사람들도, 율법학자와 바리사이파 사람들과 대사제들도 모두 예수님은 하느님의 아들이 아니라고 십자가에 매달았습니다. 제자들도 모두 예수님의 무력함에 실망하고 떠났습니다. 그런데 홀홀단신 십자가에 매달려 비참하게 숨진 예수님을 보고 이방인인 백인대장 홀로 "이분은 하느님의 아드님"이라고 고백합니다. 과연 누구의 말이 맞습니까?

우리는 예수님을 스승이요 주님이라 고백하면서 그분이 슈퍼맨이어야 한다고 믿어 왔습니다. 그분이 초능력자여야 하고, 말씀 한

마디로 죽었던 사람들을 살려내고, 병자들을 고쳐주고, 눈먼 이를 보게 하고, 앉은뱅이를 일으켜 세워야 한다고 믿어 왔습니다. 그런 예수님은 당신을 주님이라고 믿는 우리를 무병장수(無病長壽)하게 하시고 우리에게 출셋길을 열어주시고 무사 평안을 보장해 주실 수 있는 분이어야 한다고 생각해 왔습니다. 그러나 오늘 복음을 통해서 만나는 예수님은 우리들의 이런 기대를 깡그리 무너뜨리고 맙니다.

예수님은 슈퍼맨도 아니고 초능력자도 아닙니다. 예수님은 당신을 배반하고 조롱하는 제자들과 군중들 앞에 속수무책일 뿐 아니라, 당신의 목숨도 지키지 못하는 무능하고 무력한 사나이에 지나지 않습니다. 그럼에도 불구하고 백인대장은 "이분은 참으로 하느님의 아들"이라고 고백합니다.

오늘 우리도 예수님의 십자가 아래 서 있습니다. 우리의 태도를 결정하고 결단(決斷)을 내려야 할 시간입니다. 예수님의 무능과 무력함을 고발하고 조롱하는 군중들 편에 설 것인지, 아니면 백인대장과 같이 "당신은 참으로 하느님의 아들입니다."하고 고백할 것인지 결단을 내려야 할 시간입니다.

무능하고 무력하기 때문에 하느님의 뜻에 온전히 자신을 내맡기신 나자렛 사람 예수님은 하느님의 아들입니다. 군중들의 요구나 인기에 영합하지 않고 자신에게 다가오는 운명을 고스란히 받아들이는 예수님, 세태와 시류를 탓하지 않고 그 속에서 하느님의 뜻을 찾는 예수님, 그리고 처참한 십자가의 죽음으로 자신이 무능하고 무력한 인간임을 보여주신 예수님은 진정으로 하느님의 아들입니다. 아무것도 할 수 없는 무능하고 무력한 예수님은 하느님의 뜻, 천명(天命)이 펼쳐지는 자리입니다.

하느님은 이런 예수님의 십자가를 통해서 당신의 구원 권능을 드러내십니다. 십자가에는 위에서 아래로 내리뻗는 종선(縱線)과 좌(左)에서 우(右)로 가로지르는 횡선(橫線)이 있습니다.

십자가의 종선(縱線)은 하늘과 땅이 만나고 소통하는 자리입니다. 예수님의 십자가가 없었더라면 인류는 하느님을 만나지 못했을 것이고, 하느님을 아버지라 부를 수 없었습니다.

십자가의 좌에서 우로, 우에서 좌로 가로지르는 횡선(橫線)은 너와 내가 만나는 자리입니다. 인류는 인종과 민족, 국경과 언어, 종교와 이념의 장벽으로 서로 갈라져서 분열과 갈등, 싸움의 세월을 보냈습니다. 끊임없는 전쟁과 복수의 악순환 속에서 노약자와 여인, 어린이들은 지옥 같은 삶을 살아야 했습니다. 그렇지만 예수님의 십자가로 우리는 하느님을 아버지라고 부르게 되었고, 비로소 형제자매가 되어 한 가족을 이루었습니다. 십자가의 횡선은 인종과 민족, 언어와 국경, 종교와 이념의 장벽을 허물어 너와 나를 만나게 하는 자리입니다.

십자가에 매달린 예수님은 하늘과 땅을 소통하게 하시고 온 인류를 넓게 벌린 두 팔로 품어 올립니다. 인류의 구원은 저 십자가를 통해서 성취됩니다.

이제 우리는 십자가에 매달린 예수님을 통해서 십자가의 신비를 깨닫게 되었습니다. 따라서 우리에게 다가오는 십자가도 외면하지 말아야 합니다. 십자가에는 구원의 신비와 부활의 씨앗이 감추어져 있습니다. 만일 우리가 십자가를 외면하고 환희와 영광만 찾는다면 예수님의 제자답지 못합니다. 십자가를 지고 묵묵히 죽음의 길을 가신 예수님의 제자답게, 우리도 일상(日常) 속에서 만나는 십자가를 기쁘게 받아들여야 합니다.

여러분들의 십자가를 통해서 하느님께서 영광 받으시고 하느님의 권능이 크게 드러나기를 기도합니다.

주님만찬 저녁미사
- 탈출기 12,1-8.11-14
- 1코린토 11,23-26
- 요한 13,1-15

너희가 사랑을 아느냐?

파스카 성삼일 첫날인 성 목요일입니다. 오늘 우리는 예수께서 제자들과 함께 최후의 만찬을 하시면서 성체성사를 세우신 것을 기념합니다. 오늘은 예수님 생애의 마지막 날입니다. 내일이면 예수님은 제자들과 처절한 작별을 해야 합니다. 만났다가 헤어지는 단순한 작별이 아닙니다. 제자들은 겁에 질려서 무능한 스승 예수님께 대한 실망을 감추지 않고 뿔뿔이 흩어져 도망칠 것입니다. 예수님은 홀로 십자가 위에서 단말마의 고통 속에서 최후를 맞이할 것입니다.

사람들은 예수님의 삶이 철저하게 실패했다고 생각하겠지만, 사실은 그와 정반대입니다. 사랑의 사람 예수님은 스스로 십자가를 향해서 걸어왔지 실패한 삶을 사신 분이 아닙니다. 십자가의 길은 사랑의 길이기 때문입니다.

사람들은 예수님을 체포하고 매질하고 십자가에 매달아 처형한 후 모든 것이 끝났다고 손을 털고 돌아서지만, 그것이 장대한 시작이라는 사실을 몰랐습니다. 예수님은 마치 밀알 하나가 땅에 떨어져 죽듯이(요한 12, 24) 그렇게 십자가에 매달리게 됩니다.

오늘 밤은 사랑의 밤입니다. 오늘 밤 우리는 세상에서 가장 아름다운 스승 예수님의 모습을 만납니다. 사랑이 무엇인지 몸소 보여 주시는 예수님을 만납니다.

사랑은 주는 것입니다. 사랑은 주는 것이기 때문에 죽는 것입니다. 죽지 않으면 사랑할 수 없습니다. 꼿꼿하게 고개를 쳐들고 너를 사랑하노라고 말한다면 그것은 거짓말입니다. 허영과 명예심, 자기중심적인 욕망에 사로잡혀 있는 사람이 사랑한다고 말하는 것도 거짓말입니다.

정말 사랑하는 사람은 사랑하노라 말하지 않습니다. 사랑은 말이 아니라 침묵이요 죽음이기 때문입니다. 죽음 같은 사랑은 고요하고, 그래서 그것이 사랑인지도 모를 때가 있습니다. 그렇지만 그 사랑을 받는 사람은 새 생명으로 아름답게 피어납니다. 그 사랑을 받는 사람은 행복해지고 평화롭고 아름다워집니다.

예수님과 열두 제자들은 과월절 만찬을 끝으로 이별하게 됩니다. 그러나 진실을 말하자면 이별을 위한 만찬이 아니라, 새로운 만남을 위한 만찬입니다. 사랑하는 사람들 사이에 이별이란 없습니다. 죽음이 모든 것을 삼키는 힘이라고 해도, 사랑까지 삼킬 수는 없습니다. 사랑의 힘은 죽음을 뛰어넘습니다.

만찬을 시작하기 전에 스승 예수님은 겉옷을 벗고, 수건을 허리에 두른 다음 제자들의 발을 씻기기 시작합니다. 먼지투성이인 더러운 제자들의 발을 씻기는 예수님의 모습은 더이상 스승의 모습이 아닙니다. 상전 앞에 무릎을 꿇은 하인이나 종의 모습입니다.

그렇지만 그것이 무슨 상관입니까? 사랑하는데 하인이면 어떻고 종이나 노예면 어떻습니까? 사랑하기 때문에 노예처럼 제자들 앞에 무릎 꿇고 발을 씻기는 것이 부끄럽지 않았던 예수님은 발가벗은 몸으로 십자가에 매달리는 것도 부끄럽지 않았습니다.

우리가 참사랑을 하지 못하는 것은 그 잘난 체면이나 염치, 자존심과 권위 따위의 껍데기를 뒤집어쓰고 있기 때문입니다. 우리가 정말 사랑하는 사람이 되기 위해서는 체면, 염치, 자존심과 권위 따위의 껍데기를 벗어던져야 합니다.

남편으로서의 권위와 아내로서의 자존심 따위를 벗어버리지 않으면 진정한 부부 사랑은 불가능합니다. 사회적인 명예와 지위, 재산과 지식 또는 학력을 지녔다고 거들먹거리는 인간치고 사랑하는 사람이 있습니까? 설령 그들이 사랑한다고 말한다 하더라도 그것은 자기 과시나 자기 자랑일 뿐이지 진정한 사랑은 아닙니다.

예수님은 자존심이나 스승으로서의 체면 따위를 다 벗어던지고 제자들 앞에 무릎을 꿇었습니다. 참사랑은 나를 겉꾸미는 껍데기들을 다 벗어던질 때 가능해집니다.

우리가 예수님을 스승이요 주님이라 고백하는 까닭은 그분이 하느님의 아들이기 때문이 아닙니다. 제자들 앞에 무릎 꿇고 그들의 더러운 발을 씻기는 예수님은 이미 하느님의 아들이 아닙니다. 사랑에 사로잡힌 노예이자 하인일 뿐입니다. 우리는 사랑의 노예가 된 예수님을 스승이요 주님이라 고백하는 것이지 하느님의 아들이라고 자신을 뽐내는 예수님을 스승이요 주님이라 고백하지 않습니다.

제자들을 발을 다 씻기신 다음 예수님은 이렇게 말씀하십니다. "내가 너희에게 한 일을 깨닫겠느냐? 너희가 나를 '스승님', 또 '주님' 하고 부르는데, 그렇게 하는 것이 옳다. 나는 사실 그러하다. 주님이며 스승인 내가 너희의 발을 씻었으면, 너희도 서로 발을 씻어 주어야 한다. 내가 너희에게 한 것처럼 너희도 하라고, 내가 본을 보여 준 것이다."(요한 13, 12-15)

만일 우리가 스승 예수님의 모범대로 염치도 자존심도 체면도 다 버리고 예수님처럼 무릎을 꿇고 아내의 발을 씻겨 주고, 남편의 발을 씻겨 주고, 부모와 자녀들의 발을 씻겨 준다면 우리 가정이 어떻게 될까요? 만일 우리들이 예수님처럼 무릎 꿇고 이웃과 형제들의 발을 서로 씻겨 준다면 우리 교회, 우리가 살고 있는 이 사회가 어떻게 되겠습니까? 어떤 일이 벌어질 것 같습니까? 우리 가정과 교회와 사회는 사랑이 흘러넘치는 하늘나라 천국이 되고 말겠지요.

사랑은 죽은 것도 살려내는 힘이자, 지옥을 천국으로 만드는 권능입니다. 사랑은 불가능을 모릅니다. 서로의 발을 씻겨 주는 사랑하는 사람들이 사는 곳을 하늘나라 천국이라 합니다.

제자들의 발을 다 씻기신 예수께서 이제는 빵을 들고 감사를 드리신 다음, 그것을 떼어 주시며 말씀하셨습니다. "이는 너희를 위한

내 몸이다. 너희는 나를 기억하여 이를 행하여라."(1코린토 11, 24)

손에 빵을 받아드는 제자들의 눈에 그 빵은 이미 빵이 아니라 스승 예수님의 뜨거운 사랑으로 충만한 그분의 몸입니다. 제자들은 빵을 먹으면서 빵을 먹는 것이 아니라 사랑 넘치는 스승 예수님을 먹고 있다는 사실을 깨닫습니다.

식사가 끝나자 예수님은 잔 가득 포도주를 따르고 이렇게 말씀하셨습니다. "이 잔은 내 피로 맺는 새 계약이다. 너희는 이 잔을 마실 때마다 나를 기억하여 이를 행하여라."(1코린토 11, 25)

손에 포도주 잔을 받아드는 제자들은 그 속에 스승 예수님의 뜨거운 사랑이 담긴 피가 출렁거리고 있다는 사실을 깨닫습니다. 제자들은 포도주를 마시면서 포도주가 아니라 뜨거운 사랑이 흐르는 예수님의 피를 마시고 있습니다.

예수님은 작은 빵과 한 잔의 포도주에 당신의 생명과 사랑을 모두 담아서 제자들에게 건네줍니다. 사랑의 사람 예수님은 제자들의 더러운 발만 씻기신 것이 아니라 한 조각의 빵과 한 잔의 포도주가 되어서 제자들에게 먹히기로 작정하신 것입니다. 그리고 제자들과 영원히 함께 머물기로 작정하신 것입니다. 참사랑은 이런 것입니다.

사도 바오로는 1코린토 10, 16에서 이렇게 말씀하십니다. "우리가 축복하는 그 축복의 잔은 그리스도의 피에 동참하는 것이 아닙니까? 우리가 떼는 그 빵은 그리스도의 몸에 동참하는 것이 아닙니까? 빵이 하나이므로 우리는 여럿일지라도 한 몸입니다. 우리 모두 한 빵을 함께 나누기 때문입니다."

성체성사는 과학적으로나 합리적으로 설명할 수 있는 성사가 아닙니다. 사랑으로 뜨거운 가슴을 지닌 사람은 설명하지 않아도 성체성사가 무엇인지 깨닫습니다.

예수님은 한 조각의 빵과 한 잔의 포도주에 당신의 사랑과 생명을 나누어 주시고 십자가의 죽음을 향해 나아갑니다. 그러나 그 죽음은 제자들과의 작별이 아니라 새로운 만남의 시작입니다. 우리는 십자가 위의 예수님 안에서 또 다른 사랑과 생명을 봅니다.

오늘 밤, 우리도 이 성찬의 식탁에서 예수님의 사랑과 생명을 나누어 먹고 마십니다. 우리도 스승 예수님의 모범을 따라서 자신을 낮추고 내어주는 사랑의 삶을 살기로, 그리하여 지금 여기서 천국의 삶을 누리기로 합시다.

성금요일
- 이사야 52,13-53,12
- 히브리 4,14-16; 5,7-9
- 요한 18,1-19,42

십자가의 신비

그리스도교는 십자가의 종교입니다. 우리가 스승이요 주님으로 받들어 섬기는 예수님께서 십자가에서 우리 죄를 대신하여 돌아가셨기 때문입니다. 십자가는 인간이 고안해 낸 가장 잔인한 처형 도구입니다. 그렇지만 예수님께서 십자가 위에서 돌아가신 이후, 십자가는 사람을 죽이는 도구가 아니라 살리고 구원하는 도구로 바뀌게 되었습니다. 십자가의 의미가 완전히 뒤집히게 된 것입니다.

예수님께서 십자가에 돌아가신 이 밤, 예수님의 십자가가 지닌 깊은 뜻을 새겨보고자 합니다.

십자가는 대자대비하신 하느님께서 우리 인간들을 사랑하시는 방법입니다. 어제 주님 만찬 저녁 미사를 거행하면서 예수께서 제자들 앞에 무릎을 꿇고 그들의 발을 씻어 주는 세족례(洗足禮)를 거행한 바가 있습니다. 당신의 큰 사랑을 보여 주시려고 제자들 앞에 무릎 꿇는 것을 부끄럽게 여기지 않으신 예수님께서, 이제는 죄인들을 사랑하시기 위해서 십자가 매달리는 것을 부끄럽게 여기시지 않습니다.

예수님께서는 아버지 하느님의 크신 사랑을 보여 주시기 위해서, 그리고 인류를 구원하시고자 발가벗긴 채 십자가에 매달려서 온갖 모욕과 멸시를 받으면서 죽으신 것입니다. 우리는 그분의 십자가의 죽음으로 구원을 받게 되고 하느님의 자녀가 됩니다.

요한 3, 14-16은 이 사실을 이렇게 이야기합니다. "모세가 광야에서 뱀을 들어 올린 것처럼, 사람의 아들도 들어 올려져야 한다. 믿는 사람은 누구나 사람의 아들 안에서 영원한 생명을 얻게 하려는 것이다. 하느님께서는 세상을 너무나 사랑하신 나머지 외아들을 내주시어, 그를 믿는 사람은 누구나 멸망하지 않고 영원한 생명을 얻게 하셨다."

이집트를 탈출해서 약속된 땅 가나안을 향해 나그네 생활을 하던 이스라엘 백성들이 하느님께 반항하고 죄를 지어 불 뱀에 물려서 죽게 됩니다. 그러나 모세가 만들어 높이 매단 구리 뱀을 바라봄으로써 구원을 받습니다.(민수 21, 4 이하)

하느님 나라를 향한 여정 중에 있는 우리들도 죄인이기 때문에 멸망할 운명이지만 십자가에 높이 매달리신 예수님을 바라봄으로써 구원을 받습니다.

사람들 눈에 십자가는 부끄러운 형틀이지만, 하느님은 그 형틀을 통해서 당신의 사랑을 보여주시고 우리를 구원하십니다. 치욕적인 십자가가 하느님의 큰 사랑, 대자대비를 담는 그릇이 된 것입니다.

십자가에는 위에서 아래로 내리뻗는 종선(縱線)과 좌(左)에서 우

(右)로 가로지르는 횡선(橫線)이 있습니다. 이 종선과 횡선이 십자가의 의미를 더욱 잘 밝혀줍니다.

위에서 아래로 내리뻗는 종선은 하늘과 땅이 만나는 자리입니다. 하느님과 인간의 화해를 뜻합니다. 예수님께서 십자가에 죽음으로써 인간의 죄를 대신 속죄하십니다. 십자가를 통해서 인류는 하느님과 화해하게 되고 하느님을 아버지라 부르는 자녀가 됩니다. 이것이 십자가의 위에서 아래로 내리뻗는 종선의 뜻입니다.

십자가에는 좌에서 우로 가로지르는 횡선이 있습니다. 이 횡선은 사람과 사람이 만나는 자리입니다. 십자가를 통해서 죄를 용서받고 하느님을 아버지라 부르게 된 인류는 모두가 하느님의 자녀들입니다. 하느님 안에서 한 형제입니다. 예수님은 십자가에 매달려 모든 인류를 한 형제가 되게 하시고 서로 만나 화해하고 용서하고 사랑하게 합니다.

오늘 성금요일 예절을 거행하면서 '보라, 십자 나무 여기 세상 구원이 달렸네!'라고 노래하는 이유가 여기에 있습니다.

십자가는 스승이신 예수님이 하느님의 아들이라는 사실을 보여줍니다. 십자가 아래에서 많은 사람들이 예수님을 조롱하면서 십자가에서 내려와 보라고 요구합니다. 그러나 예수님은 십자가에서 내려오시기는커녕 무력하게 십자가 위에서 죽고 맙니다. 사람들의 눈에 예수님은 처참하게 최후를 맞이한 실패한 인생처럼 보입니다. 그러나 십자가는 예수님의 삶이 실패했음을 드러내는 것이 아니라, 그분이 인류의 구세주이심을 드러내고 있습니다.

　예수님은 십자가에서 내려와 당신을 조롱하고 모욕하는 사람들 앞에 당당히 당신의 권능을 드러내심으로써 구세주가 되신 분이 아닙니다. 침묵 중에 당신의 모든 것, 생명마저 내어줌으로써 구세주가 되십니다. 예수님은 힘과 권능으로 사람들 위에 군림함으로써 구세주가 되신 것이 아니라, 무력함과 무능함으로 당신의 모든 것을 죄인들을 위해 내어놓으심으로써 구세주가 되신 분입니다. 예수님은 아무것도 주장하지 않고 아무것도 소유하지 않고 모든 것을 내버려 자신을 온전히 비움으로써 우리의 구세주가 되신 분입니다.

　자기 포기와 무소유! 예수님은 자신을 포기하고 온전히 하느님께 귀의함으로써 구세주가 되시고, 아무것도 소유하지 않는 무소유자가 되셔서 모든 것을 가지는 분이 됩니다. 예수님은 권력도 명예도 하느님 아들로서의 영광도 모두 포기하시고 끝내 당신의 목숨마저 포기하심으로써 가난한 자가 되시고 우리의 주님이 되십니다.

　사도 바오로는 그리스도의 이 신비를 필리피 2, 6-11에서 이렇게 노래합니다.

　"그분께서는 하느님의 모습을 지니셨지만, 하느님과 같음을 당연한 것으로 여기지 않으시고 오히려 당신 자신을 비우시어 종의 모습을 취하시고 사람들과 같이 되셨습니다. 이렇게 여느 사람처럼 나타나 당신 자신을 낮추시어 죽음에 이르기까지, 십자가 죽음에 이르기까지 순종하셨습니다. 그러므로 하느님께서도 그분을 드높이 올리시고 모든 이름 위에 뛰어난 이름을 그분께 주셨습니다. 그리하여 예수님의 이름 앞에 하늘과 땅 위와 땅 아래에 있는 자들이 다 무릎을 꿇고 예수 그리스도는 주님이시라고 모두 고백하며 하느님 아버지께 영광을 드리게 하셨습니다."

불가(佛家)에서는 깨달음을 얻어서 부처가 되는 것을 열반(涅槃, 寂滅, Nirvana)에 든다고 말합니다. 열반을 적멸 또는 Nirvana라고 하는데, 생사의 경계를 뛰어넘어[超脫] 새로운 세계로 들어가는 것을 말합니다.

십자가 위에서의 예수님의 마지막 말씀은 "다 이루어졌다."입니다. 예수님은 십자가 위에서 아버지 하느님 품 안에 드셨습니다. 십자가 위의 예수님은 적멸, 열반에 드셨습니다. 십자가 위의 예수님의 모습이 참 하느님의 아들의 모습입니다.

오늘 우리는 예수님의 죽음을 기념하면서 인간을 향한 하느님의 크고 신비한 사랑을 가슴에 새기고 있습니다. 십자가를 통해서 우리의 스승이요 주님이신 예수님의 적멸에 드신 모습을 우러러봅니다.

참사랑은 자신을 낮추는 것을 부끄러워하지 않습니다. 참사랑은 십자가를 두려워하지 않습니다. 참사랑은 자신의 힘과 부와 권력과 명예를 자랑함으로써 나타나는 것이 아니라, 자신의 무력함과 무능함을 드러냄으로써 나타납니다. 참사랑은 모든 사람을 압도함으로써 드러나는 것이 아니라, 모든 사람을 포용함으로써 드러납니다.

십자가는 하느님이 우리 죄인들을 얼마나 사랑하시는가를 잘 나타내는 표지입니다. 십자가는 예수님이 우리의 구세주이심을 극명하며 나타내는 표지입니다.

이제 저 십자가로 하느님의 사랑을 받고 구원된 우리들이 사랑해야 할 차례입니다. 저 십자가를 자랑스럽게 생각하면서 우리도 삶 가운데서 십자가의 어리석음을 실천함으로써 열반의 경지에 도달해야 합니다.

오늘 하느님의 사랑과 더 큰 은총 받으시기를 십자가에 매달리신 주님의 이름으로 축원합니다.

부활 시기

부활하신 예수님

부활 대축일
- 사도행전 10,34.37-43
- 콜로새 3,1-4
- 요 한 20,1-9

나자렛 사람 예수의 부활
: 새로운 생명

부활 대축일입니다. 죽음에서 부활하신 예수님의 큰 사랑과 축복이 여러분과 여러분의 가정과 여러분이 하시는 일에 충만히 내리기를 기도합니다.

지난해 겨울은 유난히 추웠습니다. 많은 가정들이, 수돗물이 얼어붙는 통에 큰 불편을 겪기도 했습니다. 그렇지만 봄은 어김없이 찾아왔고, 겨우내 죽었던 것처럼 보이던 갖가지 나무에서 황홀할 정도의 아름다운 꽃과 연록색 새싹 잎들이 돋아나고 있습니다. 부활의 계절이 온 것입니다. 스승이요 주님이신 예수님도 부활의 계절에 활짝 피는 꽃들처럼 우리를 찾아오십니다.

우리는 전대미문의 사건을 기념하고 있습니다. 스승이요 구세주로 섬기고 있는 나자렛 사람 예수님의 부활 사건이 바로 그것입니다. 부활(復活)이란 글자 그대로 다시 살아남입니다.

소생(蘇生)이나 회생(回生)을 부활이라고 하지 않습니다. 죽었던 라자로가 되살아난 것이나, 회당장 야이로의 딸이 되살아난 것은 소생(甦生)이지 부활이 아닙니다. 라자로나 야이로의 딸은 죽기 전의 현실 세계로 되살아납니다. 가족들은 기뻐하고 이웃과 주변 사람들은 그들의 소생을 놀라워합니다. 그렇게 소생한 그들은 언젠가 다시 죽게 됩니다. 일시적으로 죽음을 이기고 되살아났지만 언제가 다시 죽음의 지배를 받게 되는 것이 소생입니다.

부활은 차원이 다른 사건입니다. 죽기 전의 모습으로 되살아나는 것이 아니라, 전혀 다른 모습으로 특별히 하느님 안에서 되살아납니다. 부활한 예수님은 더 이상 죽음의 지배를 받지 않습니다. 죽음의 지배를 벗어나 하느님 생명 안에서 부활하신 예수님은 시공을 초월하는 존재가 됩니다. 하느님과 온전히 하나된 모습입니다.

사도 요한은 그의 첫째 편지에서 '하느님은 사랑이십니다.'(1요한 4, 16)라고 선언합니다. 하느님은 사랑이시기 때문에 사랑의 사람, 사랑을 살았던 사람, 그 자신이 사랑 자체가 되었던 사람은 죽더라도 죽지 않고 사랑이신 하느님 안에서 부활합니다. 나자렛 사람 예수님의 부활은 이렇게 해서 일어난 사건입니다.

부활은 죽음을 전제하고 있습니다. 죽지 않으면 부활도 없습니다. 그러나 모든 죽음이 부활의 바탕이 되는 것이 아닙니다. 죽음은 모든 것을 삼켜서 허무로 돌아가게 하는 힘이지만 사랑만은 삼키지 못합니다. 그러니까 사랑을 바탕으로 한 죽음만 부활의 바탕이 됩니다.

오늘 무덤으로 달려갔던 제자들은 예수님의 부활에 대해서 미처 깨닫지 못합니다. 무덤은 비어 있었고 예수님의 시신을 감쌌던 수의만 흩어져 있었습니다. 제자들은 빈 무덤을 보고도 예수께서 부활하셨다는 사실을 알지 못합니다. 무덤이 비어 있었다는 사실 자체가 예수님의 부활을 증명하는 것이 아닙니다. 예수님께서 부활하시지 않았어도 무덤은 얼마든지 비어 있을 수 있습니다. 누군가가 예수님의 시신을 훔쳐갈 수도 있습니다.

그들이 예수님의 부활을 확실하게 믿게 된 것은 비어있는 무덤을 보고 난 후가 아니라, 부활하신 예수님을 만난 후입니다. 사도들은 부활하신 예수님을 만난 후에야 비로소 왜 그 무덤이 비어 있었던가를 알게 됩니다.

제자들은 스승 예수님의 일생은 사랑으로 점철된 삶이었고, 십자가마저도 극진한 사랑의 나타남이었다는 사실을 부활하신 예수님을 만난 후에야 깨닫습니다. 제자들은 죽음은 모든 것들을 삼켜서 허무로 돌아가게 하지만, 사랑만은 결코 삼킬 수 없다는 사실을 부활하신 스승 예수님을 만난 후에야 깨닫습니다.

베드로는 사도행전 10, 39에서 이렇게 증언합니다. "그들이 예수님을 나무에 매달아 죽였지만, 하느님께서는 그분을 사흘 안에 일으키시어 사람들에게 나타나게 하셨습니다. 그러나 모든 백성에게 나타나신 것이 아니라, 하느님께서 미리 증인으로 채택하신 우리에게 나타나셨습니다. 그분께서 죽은 이들 가운데에서 다시 살아나신 뒤에 우리는 그분과 함께 먹기도 하고 마시기도 하였습니다."

예수님은 스스로의 힘으로 부활하신 것이 아닙니다. 하느님께서 그분을 사흘 만에 다시 살리시고 나타나게 하셨습니다. 사랑 자체이신 하느님께서 사랑의 사람 예수님을 죽음에서 일으켜 세우신 것입니다.

제자들은 십자가 위에서 단말마의 비명을 지르면서 무력하게 숨져 가는 예수님을 보고 실망하고 충격에 빠져 뿔뿔이 도망칩니다. 제자들은 십자가를 완전한 실패라고 생각합니다. 그러나 십자가는 실패가 아니라 부활을 위한 밑바탕입니다. 십자가는 사랑의 사람 예수님의 삶의 정점이자 하느님의 큰 사랑이 나타나는 자리입니다. 제자들은 예수님이 부활하신 후에 비로소 십자가가 무엇인지 깨닫게 됩니다.

예수님은 평생 두 가지 원칙 속에서 사셨습니다. 사랑의 이중 계명 즉 "너희는 마음을 다하고 목숨을 다하고 힘을 다하여 주 너희 하느님을 사랑해야 한다."(신명 6, 5) 네 이웃을 너 자신처럼 사랑하라(레위 19, 18)(마태 22, 39)"라는 것입니다. 예수님은 하느님을 사랑하고 하늘의 뜻을 실천하는 일이라면 십자가의 죽음도 마다하지 않습니다. 예수님은 너를 내 몸처럼 사랑하기 위해서라면 제자들의 발 앞에 무릎을 꿇고 노예처럼 그들의 발을 씻겨 주는 일도 부끄러워하지 않습니다. 예수님의 십자가는 하느님의 뜻을 따르고 사람을 사랑하는 가장 확실한 방법이자 길입니다.

부활은 우연한 사건이 아닙니다. 예수님이 하느님의 아들이기 때문에 당연히 일어나야 할 사건도 아닙니다. 부활은 경천애인(敬天愛人), 일생 동안 모든 것을 다 바쳐 하느님을 사랑하고 너를 내 몸처럼 사랑하신 예수님의 삶의 결과입니다. 예수님의 삶이 거두어들인 열매이자 승리입니다. 부활은 사랑의 사람 예수님을 사랑 자체이신 하느님께서 다시 일으켜 세우신 사건입니다.

어둠이 빛을 이길 수 없는 것처럼, 죽음의 세력이 아무리 강해도 생명을 덮어 누를 수 없습니다. 증오와 폭력의 힘이 강하다고 해도 사랑과 용서를 덮어 누를 수 없습니다. 불의와 거짓의 힘이 세다 해도 정의와 진리를 덮어 누를 수 없습니다. 하느님은 빛이요 생명이며 사랑이시기 때문입니다.

부활하신 예수님은 우리를 당신의 부활에로 초대합니다. 스승 예수님이 부활하셨다 하더라도 그 부활이 우리의 것이 되지 않는다면 무슨 의미가 있습니까? 우리의 신앙생활이 단순히 예수님의 부활을 감탄하고 기뻐하는 차원에 머문다면 곤란합니다.

우리는 나자렛 사람 예수를 스승이요 주님으로 고백합니다. 당연히 예수님의 삶, 사랑의 삶이 제자인 우리들의 삶이 되어야 하고 부활은 우리의 부활이 되어야 합니다. 우리가 사랑하기 때문에 다가오는 십자가를 두려워해야 할 이유는 없습니다. 우리가 사랑하기 위해서 져야 할 십자가를 회피할 필요도 없습니다. 십자가는 가장 확실한 부활의 증표이기 때문입니다. 십자가의 죽음 없이는 부활도 없다는 사실을 명심합시다.

　화창한 봄기운 가운데 푸르게 돋아나는 새싹들은 우리를 부활의 삶으로 초대하고 있습니다. 모든 것을 썩게 하는 어둡고 습기 찬 무덤과 같은 과거의 삶, 미움과 증오의 삶, 탐욕과 욕망으로 가득 찬 죽음 같은 삶을 털고 환한 밝음, 사랑의 삶으로 나오라고 초대합니다.

　예수님의 부활을 축하하면서, 부활하신 스승 예수님께서 여러분과 여러분의 가정과 여러분이 하시는 일에 큰 축복 내려주시기를 간구합니다.

부활 제 2 주일 (하느님의 자비 주일)

- 사도행전 2,42-47
- 1베드로 1,3-9
- 요한 20,19-31

평화가 너희와 함께!

 부활하신 예수님께서 제자들 가운데 오셔서 "평화가 너희와 함께!"하고 인사합니다. 우리도 미사 때마다 평화의 인사를 나누면서 "평화를 빕니다."하고 인사합니다. 예수님께서 빌어주시는 평화(平和)의 실체가 무엇입니까? 그리고 우리는 미사 때 평화의 인사를 나누면서 도대체 어떤 평화를 기원합니까? 누가 진정한 평화를 누릴 수 있습니까?

 예수께서 제자들 앞에 나타나셨을 때, 제자들은 평화가 무엇인지 몰랐고 평화롭지도 않았습니다. 그들은 스승 예수님을 십자가에 매달아 처형한 유다인들이 무서웠습니다. 처형당한 예수님을 스승이라고 받들어 섬기던 그들마저도 유다인들에게 붙잡혀서 예수님처럼 처참한 꼴을 당하지 않을까 두려움에 사로잡혀 있었습니다. 그들이 문을 걸어 잠그고 있을 수밖에 없었던 이유입니다.

 평소 예수님을 따르던 몇몇 여인들이 부활하신 예수님을 만났다 하기도 하고, 베드로와 요한이 예수님의 무덤이 비어 있었다는 사실을 확인하기는 했지만, 여인들의 이야기와 빈 무덤이 제자들의 두려움을 없애 주지는 못했습니다.

놀랍게도 예수님께서 문이 다 잠겨 있는데도 그들 가운데 나타나셨습니다. 그리고 그들에게 "평화가 너희와 함께!"하고 인사합니다. 부활하신 예수님은 불안과 두려움으로 마음의 문을 꼭 닫아걸고 있는 제자들 가운데 나타나셨습니다. 불안하고 두려운 제자들의 가슴 한가운데 부활하신 예수님이 나타나서 평화를 빌어줍니다.

제 개인적인 이야기를 하자면, 저는 오늘까지 살아오면서 평화로운 나날보다 불안하고 두려운 날이 더 많았습니다. 그렇지만 육십 고개를 넘어서면서부터 그 불안과 두려움들이 조금씩 사라지기 시작했습니다.

이 성당에 연로한 어르신들이 많으신데, 제가 이런 말을 하면 어르신들은 저 신부가 아직 세상 물정을 몰라서 저런 소리 한다고 하실지 모르겠습니다. 그렇지만 솔직히 요즘 저는 젊은 시절보다 훨씬 평화로운 생활을 하고 있습니다.

지난날 제가 불안하고 두려운 생활을 했던 이유를 곰곰이 생각해 봅니다. 가장 큰 이유는 제가 비록 사제이기는 하지만 하느님께 대한 믿음과 신뢰가 부족했고 철저하게 그분께 귀의(歸依)하지 않았기 때문입니다. 사제가 된 삼십 대 초반, 저는 제가 잘나서 사제로서 서 있는 줄 알았습니다. 젊은 혈기로 가득 차서 무슨 일이든지 제 힘과 노력으로 다할 수 있다고 자신했습니다. 실제로 저는 저의 힘과 노력, 제 능력으로 모든 문제를 해결하려고 덤벼들었습니다. 완벽주의자였던 저는 무슨 일이든지 시작하면 깔끔하고 완벽하게 마무리하려고 했습니다. 그래서인지 어떤 일이 제 생각대로 풀려가지 않을 때는 불면증에 시달리기도 했습니다. 젊음과 혈기, 자신의 능력 위에 두 발을 딛고 사제생활을 하려 했던 저는 늘 불안했을 뿐 아니라 사제생활 자체가 두려웠습니다.

제가 두 발 딛고 서 있으려 했던 바탕인 젊음이나 혈기, 능력이나 재주 따위는 언제 어떻게 사라지거나 허물어질지 알 수 없는 아지랑이 같은 것이었습니다. 그럼에도 저는 그 위에 서 있으려 했고, 그래서 늘 두렵고 불안할 수밖에 없었습니다.

한 해 두 해 사제로서의 연륜이 쌓이면서 저는 제가 서야 할 곳이 제 젊음이나 혈기, 능력이나 재능이 아니라는 사실을 깨닫게 되었습니다. 제가 주님으로 받들어 섬기는 스승 예수님을 닮는 삶, 즉 철저하게 하느님 아버지께 귀의하고 하느님 위에 두 발 딛고 서는 삶이 사제의 삶이라는 사실을 깨달았습니다. 제가 육십을 넘기고 나서야 어느 때보다 큰 평화를 누릴 수 있게 된 것은 하느님께 귀의하는 믿음이 생겼기 때문입니다.

공자는 자신의 인생길을 이렇게 말합니다. 열다섯에 지학(志學) 학문에 뜻을 두었고, 삼십에 이립(而立) 바른 인생관, 세계관, 가치관, 생사관을 가지게 되었고, 사십에 불혹(不惑) 어떤 유혹에도 흔들리지 않을 만큼 확고한 인생관을 지니게 되었고, 오십에 지천명(知

天命) 하늘의 큰 뜻을 헤아릴 줄 알게 되었고, 육십에 이순(耳順) 귀에 들리는 모든 소리를 알아들을 수 있을 만큼 달관(達觀)의 경지에 도달하게 되었고, 칠십에 종심소욕(從心所欲), 즉 마음먹은 대로 또는 생각나는 대로 행동하더라도 법도에 어긋나지 않았다고 말합니다. (子曰, 吾十有五而志于學, 三十而立, 四十而不惑, 五十而知天命, 六十而耳順, 七十而從心所欲不踰矩)

공자는 인간으로서 자신의 능력을 백이십 프로를 발휘한 인물일 뿐 아니라 철저하게 자신을 능력과 재능을 믿었고, 자기 스스로 섰던 인물입니다.

저도 불혹(不惑), 지천명(知天命)을 거쳐서 이순(耳順)을 넘겼습니다만 공자처럼 자신만만하게 제 스스로 서 있다고 말할 수 없습니다. 저는 오히려 하느님께 기대어 제 인생을 세우고 있습니다. 전능하시고 대자대비하신 하느님께 모든 것을 맡겨드리고 '당신 뜻대로 하십시오.' 하고 하느님께 온전히 귀의(歸依)하고 있습니다. 제가 젊은 시절의 불안과 두려움에서 벗어나서 평화롭게 될 수 있었던 이유입니다.

우리가 나자렛 사람 예수를 스승이요 주님으로 받들어 섬기는 까닭이 무엇입니까? 예수님이 대단한 인물이기 때문입니까? 예수님이 공부를 많이 해서 큰 학문적인 업적을 남겼기 때문입니까? 불교의 창시자 석가모니는 샤카 가문의 왕세자 출신이고 80을 넘게 살았습니다. 유교의 창시자 공자는 학문에 있어서 금자탑(金字

塔)을 세웠고 수많은 제자를 거느리며 73살까지 장수한 인물입니다. 그렇지만 예수님은 목수 출신이요, 학교는 문턱에도 가보지 못했습니다. 그리고 예수는 서른세 살에 십자가에 처형당해 요절(夭折)했습니다. 그럼에도 불구하고 온 인류가 예수님을 스승이요 주님으로 받드는 이유가 있습니다.

예수님은 철저하게 하느님께 귀의(歸依)한 분입니다. 자신을 온전히 비워서 하느님으로 충만했던 분입니다. 나자렛 사람 예수님은 아무것도 지닌 것이 없는 무소유의 자유인이었습니다. 예수님은 텅 빈 자리입니다. 그 빈자리에 하느님의 모습이 나타나고, 하느님의 힘과 권능이 드러납니다. 예수님의 가난함이 하느님의 부요(富饒)가 드러나는 자리입니다.

우리가 복음서를 통해서 만나게 되는 예수님은 평화(平和) 그 자체입니다. 예수님은 배운 것도 없으면서 당시 지식층인 율법학자들과 바리사이파 사람들과 맞장을 뜹니다. 예수님은 아무 힘도 없으면서도 군대 마귀와 악령들을 몰아냅니다. 아무 권력도 없는 목수 출신 예수님이지만 병들고 가난한 사람들과 여인들, 어린이와 약자들 편에 서서 권력자들과 통치자들과 맞섭니다.

철저하게 하느님께 귀의하고 있던 예수님의 모습은 너무나 당당하고 흔들림이 없습니다. 유대인들은 이런 예수를 감당할 수 없어서 결국 십자가에 매달아 처형하고 맙니다. 그러나 예수님은 십자가마저도 하느님의 뜻으로 기쁘게 받아들입니다. 그 무엇도 하느님 위에 서 있던 나자렛 사람 예수님을 흔들어 무너뜨릴 수 없었습니다. 하느님은 이런 예수님을 죽음에서 일으켜 세워 인류의 스승이요 주님이 되게 하셨습니다.

여러분이 예수님을 스승이요 주님으로 믿어, 여러분들의 인생살이에 시련과 유혹이 없기를 바란다면 어리석음입니다. 여러분은 시련과 유혹 가운데서도 흔들리지 않기를 기도해야 합니다. 여러분이 예수님의 제자가 되어서 고난과 고통 없는 삶을 살기를 기대한다면 그것도 어리석음입니다. 고난과 고통 가운데서도 꺾기거나 쓰러지지 않기를 기도해야 합니다.

오늘 예수께서 제자들에게 "평화가 너희와 함께!" 하고 인사하신 것은, 고통의 바다 같은 인생길을 걸으면서도 하느님 위에 두 발 딛고 흔들림 없이 걸어가라고 축복하신 것입니다.

주님의 평화가 여러분과 함께 하기를 기도합니다!

부활 제 3 주일

- 사도행전 2,14. 22-33
- 1베드로 1,17-21
- 루 카 24,13-35

도반(道伴) 예수

예수님께서 부활하신 후 여러 가지 사건이 일어납니다. 그 모든 사건의 한가운데는 부활하신 예수님이 계십니다. 그 사건들을 통해서 부활이 무엇인지, 예수님이 누구인지, 그리고 그분이 무엇을 하는 분인지 하는 의문에 해답을 줍니다.

예수님이 십자가에 처형당한 후, 평소 그분을 따르던 제자들은 큰 실망과 좌절에 빠져서 뿔뿔이 흩어집니다. 어떤 제자들은 고향으로 내려가고, 어떤 제자들은 평소에 자신들이 하던 직업과 일터로 되돌아갑니다.

처음 그들이 예수님의 부르심을 받았을 때, 그들은 그분 뒤를 따르면 자신들 앞에 출셋길이 열릴 줄 알았습니다. 실제로 제베대오의 두 아들 야고보와 요한 그리고 그들의 어머니는 예수님이 예루살렘에 올라가는 길에 동행하면서 자신들을 하나는 예수님의 오른쪽에, 하나는 왼쪽에, 다시 말하자면 자기 형제들을 우의정과 좌의정을 시켜주면 좋겠다고 인사청탁까지 합니다.(마르10, 35-45, 마태

20,20-23)

제자들은 큰 기대를 걸고 예수님을 따라서 성도 예루살렘에 올라왔지만, 그곳에서 처참한 꼴을 당하고 맙니다. 예수님이 십자가에 처형당하는 비극적이고 충격적인 사건이 일어난 것입니다. 그때야 비로소 그들은 예수님이 무력하기 짝이 없는 별 볼 일 없는 인물이라는 사실을 알게 됩니다. 그들은 실망한 나머지 각자 살길을 찾아서 뿔뿔이 흩어집니다.

제자들 중 두 사람이 엠마오로 돌아가고 있을 때 부활하신 예수님이 그들 곁에 나타났습니다. 그렇지만 그들은 예수님을 알아보지 못합니다. 이야기를 나누면서 함께 길을 걸으면서도 그들은 그분이 예수님이라는 사실을 몰랐습니다. 십자가 사건의 충격에서 벗어나지 못했을 뿐 아니라, 부활 이전과 부활 이후의 예수님 모습이 완전히 달랐기 때문입니다.

해거름에 어느 주막집에서 함께 식탁에 앉아 저녁을 먹게 되는데, 예수님께서 빵을 들어서 감사를 드리신 다음 그것을 떼어서 그들에게 나누어 줍니다. 그때야 그들의 눈이 열립니다. 그들은 함께 동행했던 나그네가 스승 예수님이라는 사실을 알게 됩니다. 그러나 그때 이미 예수님의 모습은 사라지고 맙니다.

두 제자는 너무나 기쁘고 가슴이 벅차서 오던 길을 되돌아 예루살렘으로 올라갑니다. 예루살렘에는 많은 제자들이 다시 모여 있었는데, 저마다 부활하신 스승 예수님을 만난 이야기를 하고 있었습니다.

저는 사제로서 오늘까지 저의 삶을 되돌아봅니다. 저는 신부가 무엇인지도 모르고 15살의 어린 나이에 신부 되는 학교에 입학했습니다. 제 어린 시절은 배가 고팠던 시절입니다. 신부가 되면 적어도 밥은 배불리 먹을 수 있을 것이고, 어쩌면 출세도 하게 될지도 모른다는 생각을 하고 있었습니다. 그러나 세월이 흐르면서 예수의 제자가 된다는 것은 출세나 안락과는 거리가 멀다는 사실을 깨달았습니다.

우리 사회는 돈과 권력, 향락과 명예 따위를 최고의 가치로 생각하는 사회입니다. 이런 현실 속에서 사제로서 살아간다는 것은 유혹과 시련 한가운데 서는 것을 의미합니다. 요즘은 사제가 자신의 정체성을 잃지 않고 사제답게 산다는 것이 참으로 힘든 시절입니다. 너무나 많은 유혹들이 도사리고 있습니다. 돈, 여자, 명예와 권위, 안락 따위의 유혹들이 그것입니다. 저는 마치 외줄을 타듯이 위태로운 사제생활을 해왔습니다. 그러나 아직까지 걸려 넘어지나 자빠지지 않고 사제로서 건재할 수 있었던 것은 제 곁에 저와 함께 제 인생길에 동행해 주신 분이 있기 때문입니다. 제가 스승이요 주님으로 받들어 섬기는 나자렛 사람 예수님이 바로 그분입니다.

그분은 어떤 때는 뚜렷한 모습으로 제 곁에 서 있습니다. 가끔 계시는지 안 계시는지 모를 정도로 그분 모습이 흐릿할 때도 있습니다. 어떤 때, 저는 그분의 목소리는 뚜렷하게 듣습니다. 그러나 어떤 때는 아무리 그분의 소리에 귀를 기울여도 들리지 않습니다. 그렇기는 하지만, 예수님은 한순간도 제 곁을 떠나신 적이 없습니다.

제가 예수님의 제자라는 사실을 명심하고 그분께 전적으로 의탁할 때, 스승 예수님의 모습을 생생하게 볼 수 있었고, 그분의 말씀을 또렷하게 들을 수 있었습니다. 그러나 욕망에 사로잡혀서 제 자신을 내세우고 저의 생각과 고집을 앞세울 때, 예수님의 모습을 흐릿했고 그분의 소리를 들을 수 없었습니다.

특별히 제가 사제의 길에서 지치고 실망하거나 의기소침할 때, 예수님은 '나를 보라'고 말씀하십니다. 스승 예수님은 자주 당신의 삶이 성공적인 삶이 아니라 처참하게 실패한 십자가의 삶이었노라고 말씀하십니다. 저는 예수님의 그 말씀에 힘과 용기를 얻습니다.

사제가 된 그 날부터 저는 미사성제를 매일 빠짐없이 지내려고 노력해왔습니다. 성찬전례 즉 미사성제 안에서 가장 생생하게 부활하신 예수님을 만날 수 있기 때문입니다.

엠마오로 가던 길목에서 제자들에게 친절하게 성경 말씀을 풀이해 주시던 예수님을 저는 말씀이 선포되는 이 자리에서 만날 수 있습니다. 그리고 그분이 들려주는 말씀을 가슴에 새기고 그 말씀을 따라서 살려고 노력합니다.

사제로서 저의 삶에 말씀의 등불이 없었더라면 저는 지금도 어둠 속을 헤매고 있을 것입니다. 제가 세상의 온갖 미사여구에 마음을 빼앗기지 않고, 잡다한 언설과 주장 또는 이념과 사상에 흔들리지 않고 바르게 서 있을 수 있는 것도 말씀을 들려주시는 스승 예수님이 제 곁에 계시기 때문입니다.

엠마오의 어느 주막에서 두 제자들과 함께 식탁에 앉아서 빵을 나누어주던 바로 그 예수님을, 저는 이 성찬의 식탁에서 만납니다. 그리고 스승 예수님께서 나누어 주시는 당신의 몸을 생명의 양식으로 받아먹습니다. 저는 매일 예수님께서 나누어주시는 성찬을 먹고 그분과 하나가 됩니다. 저는 이 성찬의 식탁에서 스승 예수님의 큰 사랑을 한가슴으로 느끼고 감사와 감격에 사로잡힙니다. 그리고 저도 예수님처럼 자신을 온전히 내어주는 사제가 될 수 있기를 기도하고 있습니다. 저는 오늘도 부활하신 스승 예수님과 함께 이 자리에 서 있습니다.

우리는 나자렛 사람 예수님을 스승이요 주님으로 섬기고 있습니다. 예수님이 우리의 스승이요 주님이 되시는 끼닭이 무엇입니까? 그분이 우리들에게 출셋길을 열어주시거나, 우리에게 운수대통하게 해주시기 때문입니까? 아니면 그분이 우리를 무병장수하게 해주시거나 우리가 지닌 고통이나 문제 따위를 풀어주는 해결사 노릇을 하시기 때문입니까?

만일 여러분들이 예수님의 제자가 되어서 그런 것들을 얻으려 한다면, 틀림없이 실망하게 됩니다. 엠마오로 가던 제자들도 예수 믿으면 출셋길이 열릴 줄 알았지만, 예수님이 십자가에 매달려 무력하게 처형당하자 크게 실망합니다.

예수님이 우리의 스승이요 주님이 되시는 까닭은 그분이 우리의 문제 해결사이거나 운수대통하게 해주시는 분이기 때문이 아닙니다.

그렇지만 이것 한 가지는 분명히 말씀드릴 수 있습니다. 우리의 스승 예수님은 우리 인생길의 동반자이며 길동무입니다. 여러분들의 인생길이 고달프다고 생각되시면, 누가 여러분 곁에 함께 계시는지 살펴보십시오. 여러분이 인생길에서 실패와 좌절 속에서 고통당할 때 거기 예수님이 함께 계시다는 사실을 잊지 마시기 바랍니다. 스승이요 주님이신 예수님께서 쓰러진 여러분에게 구원의 손길을 내밀고 계신다는 사실도 잊지 마십시오.

성당에서 매일 거행되는 성찬전례인 미사에 나오셔서 부활하신 스승 예수님을 만나시기 바랍니다. 그리고 그분 말씀을 듣고, 또 그분을 먹고 그분과 함께 행복하게 하느님 나라를 향한 인생길을 걸어가시기를 기도합니다.

부활 제 4 주일
- 사도행전 2,14.36-41
- 1베드로 2,20-25
- 요 한 10,1-10

거룩한 부르심[성소]

지난 10일은 부처님 오신 날이었습니다. 저는 텔레비전은 보지 않습니다. 그 대신 신문을 꼼꼼히 읽는 편인데, 요즘 제가 가장 관심 있게 보았던 사진과 기사 중 하나가 동자승이었습니다. 어린이들이 예쁘게 삭발하고 잘 어울리는 가사를 입고 천진난만하게 기도하고 노는 모습이 참 보기 좋았습니다.

동자승들의 천진난만한 모습이 바로 부처의 모습이요 미래 한국 불교 모습입니다. 어릴 적에 동자승 노릇을 해본 어린이는 커서 성인이 되면 틀림없이 한 번쯤은 출가를 생각하게 될 것입니다. 어린이들에게 동자승 체험을 하게 하는 것은 그들의 가슴 속에 출가 수행자에 대한 씨앗을 심는 것이요 불교 신앙의 씨앗을 심는 것입니다. 가톨릭식으로 말하자면 성소의 씨앗을 심는 것입니다.

오늘 교회는 성소의 날을 지냅니다. 교회 안에는 평신도, 성직자, 수도자라는 서로 다른 역할을 하는 구성원들이 있습니다. 건강하고 행복한 신앙생활을 하려면, 사제와 수도자 그리고 평신도들이 자신들의 성소에 대한 자각과 소명의식이 밑받침되어야 합니다. 평신도는 평신도다워야 하고, 수도자는 수도자다워야 하고, 사제는 사제다워야 합니다. 교회 구성원들이 자신들이 하느님으로부터 받은 성소를 깊이 자각하고, 소명에 충실할 때 건강한 교회가 존재하고 기쁨과 은총으로 충만한 신앙생활을 할 수 있습니다.

잘 아시는 바와 같이 지금 서구교회는 고사 직전입니다. 많은 수도원들이 문을 닫고 있습니다. 수도 성소가 고갈되었을 뿐 아니라 새로운 성소자가 없기 때문입니다. 많은 성당들이 미사 대신에 말씀의 전례를 거행하고 있습니다. 사제들의 수가 절대 부족하고, 사제 한 사람이 본당을 많게는 여덟 개까지, 적게는 세 개까지 맡아야 합니다. 유럽교회 사제들의 평균 연령이 60세를 훨씬 넘었고, 젊은 새 사제는 가뭄에 콩 나듯 몇 년 만에 한 명씩 배출되는 형편입니다.

다행이 한국교회는 아직도 많은 젊은이들이 사제가 될 꿈을 키우고 있습니다. 전국 일곱 개의 대신학교에서 사제 양성 수업을 받고 있는 신학생들이 2009년도 말 교세 통계에 의하면 1,390명쯤 됩니다. 한국교회는 세계의 다른 교회에 비해 축복 받은 교회입니다. 많은 젊은이들이 자신의 전 삶을 바쳐서 하느님의 영광과 교회와 신자들을 위해서 헌신하려 하기 때문입니다. 그렇지만 한국교회도 서서히 서구교회의 모습을 닮아가고 있습니다. 생활 수준이 높아지면서 많은 신자들이 신앙생활을 소홀히 하고 있을 뿐 아니라, 영적 정신적 가치보다 물질적인 가치와 돈과 재물, 편리와 안락을 추구하고 있습니다.

제가 소신학교에 입학하던 시절만 해도 사제는 선망의 대상이었습니다. 사제는 예수님 비슷한 존재로 생각되었습니다. 어린 제 눈에도 사제는 존경스럽고 멋있는 슈퍼맨이었습니다. 그래서 저는 사제가 누구인지, 무엇을 하는 사람인지도 모르고 소신학교에 입학했습니다.

그러나 세태(世態)는 변했습니다. 돈과 재물, 명예와 지위, 출세와 안락을 추구하는 오늘날, 청소년이나 젊은이들의 눈에 사제는 별종 인간쯤으로 보입니다. 사제는 물질적으로나 경제적으로 풍요롭게 사는 것도 아니고, 그 생활이 안락하지도 않을 뿐 아니라 결혼도 하지 않는 이상한 존재입니다. 청소년들의 눈에 사제직분이 고리타분할 뿐 아니라 매력적이지도 않습니다.

그렇지만 아직도 우리 가운데는 맑은 영혼과 물질에 오염되지 않은 순수한 정신을 가진 청소년들과 젊은이들이 있습니다. 그들 가운데 몇몇은 청빈과 정결과 순명 정신으로 살아가는 수도자가 되기를 원합니다. 또 별로 매력적이지도 않은 사제직을 소망하면서 신학교에 입학하는 젊은이도 있습니다. 이런 순수하고 맑은 영혼을 지닌 청소년과 젊은이들이 한국교회의 희망이며 우리들의 꿈입니다. 이런 청소년들과 젊은이들의 꿈이 실현될 수 있도록 기도하고 도와주는 것이 우리가 해야 할 일입니다.

이를 위해서 우리는 우리들의 성소와 소명을 다시 확인해야 합니다. 오늘은 특별히 사제와 수도자를 지망하는 성소자들을 위해 기도하는 날이지만, 우리 자신들의 성소에 대해서도 되돌아보는 날이기도 합니다. 사제 성소와 수도 성소만 성소가 아니기 때문입니다. 엄밀히 따지자면 가장 고귀하고 소중한 성소는 결혼 성소입니다.

결혼 성소야말로 모든 성소의 원천이며 바탕입니다. 저는 하늘에서 뚝 떨어지나 땅에서 불쑥 솟아올라서 사제가 된 사람이 아닙니다. 부모님 사이에서 태어났고 가정이라는 텃밭에서 자라고 교육 받았습니다. 부모님들의 따뜻한 보살핌과 사랑, 무엇보다도 부모님들의 깊은 신심과 신앙생활이 저를 사제가 될 수 있는 꿈을 꾸게 했습니다. 저에게 가정이라는 울타리가 없었더라면 오늘의 저는 존재하지 않습니다.

스승이요 목자이신 예수님을 생각해보십시오. 예수님에게는 아버지 요셉이 있었습니다. 요셉은 예수에게 기도하는 법과 하늘의 소리에 귀를 기울이는 법, 그리고 생계를 꾸려가기 위해 필요한 목수 기술을 가르쳐 줍니다.

어머니 마리아도 있습니다. 마리아는 침묵의 여인입니다. 마리아의 침묵은 웅변보다 훨씬 더 크고 강한 힘으로 예수님에게 깨달음을 줍니다. 마리아는 고요함 중에 성령의 이끄심에 순종하는 법과 모든 일과 사건 안에서 하늘의 뜻을 곰곰이 헤아릴 수 있는 지혜를 가르쳐 줍니다. 마리아는 늘 '이 몸은 주님의 종입니다.'라고 기도하면서 하늘의 뜻에 순명하는 삶을 삽니다. 예수님은 어릴 때부터 아버지 요셉과 어머니 마리아의 따뜻한 사랑과 보살핌을 받습니다. 그리고 요셉과 마리아의 사는 모습을 보면서 자신의 성소가 무엇인지, 어떻게 살아야 하늘의 큰 뜻을 실천하고 펼치게 되는지 깨달아 가게 됩니다. 예수님이 착한 목자로서 당신 소명에 충실할 수 있었던 것도, 흔들림 없는 발걸음으로 십자가를 향해 나아갈 수 있었던 것도 아버지 요셉과 어머니 마리아 그리고 성가정이라는 울타리가 있었기 때문에 가능했던 일입니다.

오늘 청소년과 젊은이들이 밝고 건강한 꿈을 꾸지 못한다면 그것은 우리 가정이 위기에 처했다는 신호입니다. 결혼 성소를 받은 부모들이 자신들이 하느님으로부터 받은 소명에 성실하지 않다는 신호입니다. 청소년과 젊은이들이 자신들의 희망과 꿈을 키울 수 있는 자리인 가정을 잃고 길거리를 헤매게 된다면 교회와 우리 사회의 불행입니다.

예수님은 스승이요 착한 목자입니다. 우리는 목자의 부르심을 받고 하느님께 귀의하여 신앙인의 길을 걷고 있습니다. 목자 예수님은 양들인 우리가 자신의 성소와 소명에 충실할 것을 요구합니다. 사제인 저는 사제로서, 수도자인 수녀님들은 수도자로서, 평신도인 여러분은 평신도로서 자신들의 성소와 소명에 충실하라고 부르고 계십니다. 특별히 모든 성소의 바탕인 결혼 성소에 충실하라고 요구하십니다.

우리 가운데서 많은 사제와 수도자들이 배출될 수 있도록 우리의 가정을 하느님의 사랑과 축복이 넘치는 성가정으로 만들어 갈 것을 다짐합시다. 많은 청소년들과 젊은이들이 사제의 길과 수도자의 길을 걸을 수 있도록 기도하고 도와주시기 바랍니다.

부활 제 5주일
- 사도 6,1-7
- 1베드로 2,4-9
- 요한 14,1-12

마음의 뿌리

오늘 예수께서는 우리에게 이런 가르침을 주십니다. "너희 마음이 산란해지는 일이 없도록 하여라. 하느님을 믿고 또 나를 믿어라."(요한14, 1)

마음이라는 것이 도대체 무엇입니까? 예수께서 '마음이 산란해지는 일이 없도록 하여라.' 하신 까닭이 무엇일까요?

마음이란 한마디로 무엇이라고 표현하거나 정의할 수 없습니다. 마음은 눈에 보이는 것도 아니고 손에 잡히지도 않습니다. 실체가 있는 것 같기도 하고, 실체가 없는 것 같기도 합니다.

저는 마음을 영혼(靈魂) 또는 정신이라고 정의합니다. 그 마음은 우리의 모든 것을 담고 있습니다. 마음은 바로 '나'입니다. 마음은 나이기 때문에 마음의 모습에 따라서 나의 모습이 달라집니다. 나의 마음이 아름다우면 나의 모습도 아름답습니다. 아무리 겉모습이 그럴듯하고 예쁘다 해도 마음이 사악(邪惡)하면 나의 모습도 사악하게 나타납니다.

사람들은 마음과 영혼은 눈에 보이지 않기 때문에 아름답게 가꾸려고 노력하지 않습니다. 그 대신 눈에 보이는 겉모습, 육체의 모습을 가꾸는데 온갖 노력을 다합니다. 예를 들면 남의 눈을 의식하면서 살아가야 하는 연예인이나 스포츠 스타들의 경우, 몸매를 가꾸고 겉모습을 치장하는데 목숨을 걸다시피 합니다.

그렇지만 비록 날씬한 몸매를 가지고 있다 할지라도, 또 갖가지 성형수술을 해서 모나리자나 비너스와 같은 얼굴 모습을 가지고 있다고 해도 그것이 진정한 자기 모습일 수는 없습니다. 아무리 최고급 명품 옷을 입고 신발을 갖추어 신고, 값비싼 장신구로 자신을 치장(治粧)하고 화장을 한다고 해도 그것이 자기 자신의 모습일 수는 없습니다. 걸치고 있던 명품 옷을 벗고 화장을 지우면 거기 적나라한 본래 나의 모습이 도사리고 있습니다.

여러분들은 저의 젊은 시절 모습을 상상하지 못할 것입니다. 제 자랑 같지만 젊은 시절, 저는 유능하고 똑똑하고 잘생긴 인기 있는 사제였습니다. 그랬기 때문에 제가 조신(操身)하게 처신하지 않았더라면 유혹에 떨어져서 지금 여기 이 자리에 서 있지 않을 것입니다. 그러나 지금 저는 아무도 거들떠보지 않는 어이없는 늙은이가 되고 말았습니다.

세월을 이길 수 있는 사람은 없습니다. 아름답게 몸매를 가꾼다고 하더라도, 성형수술로 온몸을 이리저리 뜯어고친다 해도, 세월이 지나 나이 들면 어느덧 헌신짝처럼 볼품없고 쓸모도 없는 모습으로 변하고 맙니다.

　이런 현상을 두고 불가에서는 제법무아(諸法無我)요 제행무상(諸行無常)이라고 설파(說破)합니다. 제법무아(諸法無我)란 눈에 보이는 모든 것들은 실체가 없다, 즉 변하지 않고 고정된 존재는 없다는 것입니다. 제행무상(諸行無常)이란 모든 행위와 처신(處身) 그리고 살아 움직이는 모든 것들은 변하거나 사라지고 만다는 것입니다. 모든 것이 무상(無常)하다는 가르침입니다.

　그러니 우리가 잘 먹고 잘 입고 지위와 명예와 인기를 누린다고 한들, 그것들이 우리를 진정으로 행복하게 해주거나 영원한 기쁨과 생명을 주지 못합니다. 그것들은 잠시 우리를 기분 좋게 하고 쾌락을 주지만, 조만간 허망하게 사라지고 말 뜬구름 같은 것입니다.

　그럼에도 불구하고 많은 사람들이, 특히 요즘 젊은이들이 마음과 영혼은 내팽개치고 외모를 가꾸기 위해서 목숨을 걸다시피 합니까? 한심한 노릇입니다. 늘 변하고 언젠가는 사라지고 말 것들에 온 마음을 빼앗겨서 살아간다는 것이 얼마나 허망합니까?

　그러면 어떻게 하면 좋겠습니까? 스승 예수님의 가르침대로 마음을 산란(散亂)하지 않도록 조심해야 합니다. 눈에 보이는 모든 것들은 실체가 없고, 세월 따라 무상하게 변합니다. 그러나 마음과 영혼은 눈에 보이지 않고 손에 잡히지도 않고, 있는지 없는지도 모를 만큼 헷갈리는 것이지만 항상(恒常)할 뿐 아니라 나 자신을 담고 있는 실체입니다.

마음이 산란(散亂)하여 이리저리 흔들리면 내 존재 자체가 이리저리 흔들리게 됩니다. 저는 지금도 이런저런 유혹을 받고 있지만, 만일 젊은 시절, 여자와 돈, 명예와 인기 따위의 유혹에 이리저리 휘둘리면서 마음이 산란해 중심을 잡지 못하고 살았더라면, 지금 이 자리에서 여러분을 만날 수 있었겠습니까?

다행하게도 저는 예수님께 귀의하고, 제 마음을 믿음으로 아버지 하느님 안에 확실하게 뿌리내리고 있었기 때문에 온갖 유혹을 다 받았지만 지금 이렇게 서 있습니다. 그리고 오늘 이런 모습으로 여러분을 만날 수 있는 행운을 누리고 있습니다. 제가 잘나서 그런 것이 아니라 하느님께서 저의 마음과 영혼을 지켜 주셔서 그럴 수 있게 된 것입니다.

오늘 예수님은 '나는 길이요 진리요 생명이다.'라고 선언합니다. 우리가 스승 예수님 안에 믿음으로 마음의 뿌리를 깊이 내리면 우리의 삶은 진리의 삶이 되고 영원한 생명을 누리는 삶이 됩니다.

우리가 이 풍진(風塵) 세상(世上)을 살아가는데, 어찌 유혹과 풍파가 없겠습니까? 그렇지만 예수님과 아버지 하느님 안에 믿음으로 마음의 뿌리를 깊이 내리고 있는 사람들은 흔들리지 않고 평화롭습니다. 오늘 예수님께서 '너희 마음이 산란해지는 일이 없도록 하여라. 하느님을 믿고 또 나를 믿으라.'하신 까닭입니다.

저는 나무들 중에서 토종으로는 느티나무를 좋아하고, 외래종으로는 메타세쿼이아를 좋아합니다. 두 나무가 다 거대수(巨大樹)입니다. 느티나무는 태풍이 불어도 쓰러지지 않습니다. 가지가 꺾이고 잎사귀들이 떨어져 나가기는 해도 쓰러지지 않습니다. 큰 나무이기 때문에 큰 그늘을 드리워 휴식처를 제공합니다. 메타세쿼이아는 하늘을 찌를 듯이 곧게 자라는 나무입니다. 이 나무도 큰바람이 불어도 쓰러지지 않습니다. 이유는 간단합니다. 대지(大地) 깊이 뿌리를 내리고 있기 때문입니다.

우리도 예수님을 닮아 마음의 뿌리를 하느님 안에 깊이 내리고 있으면 인생 여정에서 거센 비바람, 시련과 유혹이 불어와도 흔들림없이 서 있게 됩니다.

겉모습이 예쁘고 잘생겨도 사악하고 모질고 탐욕스러운 마음을 가진 사람에게서는 악한 기운, 불행한 기운, 싸늘하고 차가운 기운이 나옵니다. 만일 내가 이런 마음을 지니게 되면 이웃과 형제들과 가족들에게 불행을 심어주게 됩니다. 만일 내가 이런 사람 곁에 있으면 그 사악함에 오염되어서 나도 불행해집니다. 이런 사람들이 많을수록 우리 가정, 사회, 교회는 불행해집니다.

한편, 겉모습은 초라하고 보잘것없지만, 아름다운 마음, 사랑하는 마음, 평화롭고 따뜻한 마음을 가진 사람에게서는 맑고 향기로운 기운, 자비롭고 따뜻하고 평화로운 기운이 나옵니다. 아름답고 향기로운 꽃이 있으면 그 주변도 아름답고 향기롭게 되듯이, 내가 이런 마음을 가진 사람이 되면 이웃과 형제들은 나 때문에 행복하고 기쁘고 평화롭습니다. 이런 사람들이 머무는 곳에 하느님도 함께 계십니다. 우리의 스승 예수님이 이런 분입니다.

오늘 필립보는 예수님께 "아버지를 뵙게 해 주십시오."하고 요청합니다. 예수님은 이렇게 대답하십니다. "나를 본 사람은 아버지를 뵌 것이다. 내가 아버지 안에 있고 아버지께서 내 안에 계시다는 것을 너는 믿지 않느냐?" 그렇습니다. 믿음으로 하느님 안에 깊이 뿌리내리고 사는 사람을 통해서 하느님의 모습은 드러납니다. 여러분들의 삶이 스승 예수님의 모습을 드러내는 삶, 하느님의 향기를 풍기는 삶이 되기를 기도합니다.

부활 제 6 주일

- 사도행전 8,5-8. 14-17
- 1 베드로 3,15-18
- 요한 14,15-21

예수를 사랑하는 사람

"너희가 나를 사랑하면 내 계명을 지킬 것이다. 그리고 내가 아버지께 청하면, 아버지께서 다른 보호자를 너희에게 보내시어, 영원히 너희와 함께 있도록 하실 것이다. 그분은 진리의 영이시다."(요한 14, 15-17)

오늘 강론의 화두(話頭)는 사랑입니다. 마음을 한마디로 정의할 수 없는 것처럼 사랑도 한마디로 정의할 수 없습니다. 그렇지만 존재하는 모든 것들, 사람, 동물, 식물은 말할 것도 없고 생명 없는 돌멩이까지도 사랑이 없으면 존재할 수 없습니다. 사랑은 모든 것을 존재하게 하는 힘이며 능력입니다. 사랑은 모든 것을 따뜻하게 감싸 주면서 행복하게 하는 능력입니다. 사랑은 죽은 것도 살려낼 수 있는 생명력입니다.

사랑은 눈에 보이지 않고, 손에 잡히지 않습니다. 그렇지만 사랑이 없으면 존재하는 모든 것들은 한순간에 허무로 돌아가고 맙니다.

사도 요한은 요한의 첫째 편지 4, 16에서 "하느님은 사랑이십니다."라고 정의합니다. 하느님이 사랑이시기 때문에 우주는 존재합니다. 하느님은 사랑이기 때문에 우리는 하느님을 아버지라 부르고 섬기면서 구원받습니다. 하느님은 사랑이시기 때문에 우리는 한 생명으로 태어나서 하느님 품 같은 이 세상에서 행복을 누립니다. 하느님은 사랑이시기 때문에 당신 아들 예수님을 이 땅에 구세주로 보내 주셨습니다.

  우리는 하느님 사랑의 화신인 나자렛 사람 예수님을 스승이요 주님으로 받들면서, 그분의 제자가 됩니다. 그리고 그분이 우리에게 제시하신 삶의 길, 사랑의 길, 진리의 길, 생명의 길을 걷습니다. 사랑은 모든 것입니다.

  사도 바오로는 1코린토 13에서 사랑을 이렇게 노래합니다. "내가 인간의 여러 언어와 천사의 언어로 말한다 하여도 나에게 사랑이 없으면 나는 요란한 징이나 소란한 꽹과리에 지나지 않습니다. 내가 예언하는 능력이 있고 모든 신비와 모든 지식을 깨닫고 산을 옮길 수 있는 큰 믿음이 있다 하여도 나에게 사랑이 없으면 나는 아무것도 아닙니다. 내가 모든 재산을 나누어 주고 내 몸까지 자랑스레 넘겨준다 하여도 나에게 사랑이 없으면 나에게는 아무 소용이 없습니다."

  사도 바오로의 말씀처럼 우리가 입으로 사랑을 노래한다고 한들, 사랑을 삶으로 실천하지 않으면 사랑은 아무것도 아닙니다. 사랑은 구체적인 모습으로 드러나는 삶이어야 합니다.

오늘 예수님은 "너희가 나를 사랑하면 내 계명을 지킬 것이다." 하십니다. 진정으로 우리가 스승 예수님을 사랑하는 제자들이라면 그분의 가르침을 실천해야 합니다. 그분의 가르침과 계명 역시 사랑하라는 것입니다.

어떻게 사랑을 살아야 합니까? 어느 날 율법교사가 예수님께 이렇게 묻습니다. "스승님, 율법에서 가장 큰 계명은 무엇입니까?" 예수님께서 이렇게 말씀하십니다. "네 마음을 다하고 네 목숨을 다하고 네 정신을 다하여 주 너의 하느님을 사랑해야 한다. 이것이 가장 크고 첫째가는 계명이다. 둘째도 이와 같다. 네 이웃을 너 자신처럼 사랑해야 한다는 것이다."(마태 22. 36-39)

마음을 다하고 목숨을 다하고 정신을 다해서 하느님을 사랑하는 사람은 어떻게 되겠습니까? 또 다른 하느님이 되고 맙니다. 사랑 자체이신 하느님을 사랑하는 사람은 하느님이 될 수밖에 없습니다. 태양을 사랑하는 해바라기 꽃의 모습이 태양을 닮듯이, 하느님을 사랑하는 사람은 하느님의 모습을 닮게 됩니다.

그리고 너를 나처럼 사랑하면 너와 나의 구별은 없어지고 네가 내가 되고 내가 네가 됩니다. 사랑은 동체일신(同體一身), 일심동체(一心同體)를 가능하게 합니다. 너와 나의 구별이 없는 곳, 너의 슬픔과 아픔을 나의 슬픔과 아픔으로, 나의 기쁨과 행복을 너의 기쁨과 행복으로 함께 나누게 되는 곳이 하늘나라 천국입니다. 사랑은 평범한 인간을 하느님이 되게 하고, 지금 여기서 하늘나라 천국을 누리게 합니다.

 모든 것을 다해서 하느님을 사랑하고 너를 나처럼 사랑하기 위해서는 별도리 없이 나를 죽이고 비우고 버려야 합니다.
 사랑은 죽음과 동의어(同義語), 즉 사랑과 죽음은 같은 말입니다. 내 생각, 내 고집, 내 주장, 내 욕망에 집착하는 사람은 사랑할 수 없습니다. 자신을 비우고 스스로 죽는 사람만 사랑할 수 있습니다. 그렇게 사랑하는 사람은 가정을 살려내고, 주변을 살려냅니다. 그러나 이기적인 욕망의 노예가 되어서 꼿꼿하게 살아 나를 주장하고 고집하면 가족이 죽고 이웃과 형제들도 죽고 주변이 모두 죽습니다. 지옥은 여기서부터 시작됩니다.

 요즘 우리 사회에서는 가슴 아픈 일들이 수없이 벌어지고 있습니다. 갖가지 불행한 사건과 사고들, 특히 부산저축은행 그룹사건과 그 사건에 관련된 인물들의 몰락과 수많은 서민들의 불행을 생각해 보십시오. 그 사건에서 작은 사랑의 조각 하나라도 찾아볼 수 있습니까? 너의 가난과 아픔을 생각해 주는 사람이 단 한 사람만 있었더라도 그처럼 부도덕하고 파렴치하고 불행한 사건은 일어나지 않았을 것입니다. 나만 살겠다는 이기적인 탐욕, 너의 불행과 아픔을 외면하면서 돈에 집착하는 파렴치한 인간들, 욕망의 노예가 된 인간들이 모여서 부산저축은행 그룹 사건을 만들어냈습니다. 이 사건은 우리 사회가 얼마나 비정한 사회인지 그리고 사랑이 고

갈된 매마른 사회인지를 잘 말해 주고 있습니다.

너와 나를 분별하고 너의 가난과 아픔을 외면하면서 나만 살겠다는 이기적 욕망의 노예가 되면 자신도 불행해질 뿐 아니라 이웃과 주변도 지옥으로 만들게 됩니다.

죽음과 같은 사랑을 실천하려면 동시에 자유인이 되어야 합니다. 그 무엇에도 집착하지 않는 무애(無碍) 자유인(自由人)이 되어야 합니다. 예수님은 십자가의 죽음도 마다하지 않는 자유인입니다. 생사의 경계를 뛰어넘는 참 자유인 예수님은 사랑의 사람입니다. 자유인 예수님은 하느님을 마음과 목숨과 정신을 다해 사랑하신 유일한 분입니다.

나자렛의 목수 출신 예수님은 떠돌이 랍비이자 수행자(修行者)입니다. 그럼에도 불구하고 우리가 그분을 하느님의 아들이라고 고백하는 까닭이 어디에 있습니까? 그분이 모든 것을 다해, 마음을 다하고 목숨을 다하고 정신을 다해 하느님을 사랑하셔서 하느님이 되셨기 때문입니다.

이웃을 너 자신처럼 사랑하라 하신 예수님은 우리 죄인들을 당신 자신처럼 사랑하셔서 십자가의 죽음도 마다하지 않았습니다. 우리가 구원을 받아 하느님 나라를 누릴 수 있게 된 것도, 예수님의 너와 나를 구별하지 않는 동체일신행(同體一身行), 너를 나처럼 사랑하는 동체자비행(同體慈悲行) 때문입니다. 예수님이 우리의 스승이요 구세주가 되시는 까닭이 여기에 있습니다.

예수님은 이제 우리도 사랑의 사람이 되라고 부르고 계십니다. 우리가 사랑하는 생활을 하면 성령을 보내 주시겠다고 약속하십니다. 그 영은 진리의 성령입니다.

사도 바오로께서 코린토인들에게 보낸 첫째 편지에서 구체적인 사랑의 길을 가르쳐 주셨습니다. 우리도 그렇게 사랑하는 사람이 될 것을 다짐합시다. 제가 한 구절씩 읽으면 여러분은 '사랑'이라는 단어 대신 '나'를 넣어 한 구절씩 따라 응답합니다.

사랑은 참고 기다립니다.

사랑은 친절합니다.

사랑은 시기하지 않고 뽐내지 않으며 교만하지 않습니다.

사랑은 무례하지 않고 자기 이익을 추구하지 않습니다.

사랑은 성을 내지 않고 앙심을 품지 않습니다.

사랑은 불의에 기뻐하지 않고 진실을 두고 함께 기뻐합니다.

사랑은 모든 것을 덮어주고 모든 것을 믿으며 모든 것을 바라고 모든 것을 견디어 냅니다.

사랑은 언제까지나 스러지지 않습니다.

주님 승천 대축일
- 사도행전 1,1-11
- 에페소 1,17-23
- 마태오 28,16-20

인내천(人乃天), 사람이 하늘이다

예수님은 부활하신 후 40일 째가 되는 오늘 하늘에 오르셨습니다. 예수님의 하늘에 오르심, 승천(昇天)이 어떤 현상인지, 오늘 이 땅에 두 발 딛고 사는 우리에게 무슨 의미가 있는지 함께 묵상하고 싶습니다.

승천(昇天)은 '오를 승(昇)', '하늘 천(天)', 글자 그대로 하늘에 오르신 것을 말합니다. 예수님이 하늘에 오르셨다는 것은 예수님이 승리자가 되셨다는 것을 의미합니다.

바오로 사도는 에페소인들에게 보낸 편지에서 이렇게 말씀하십니다. "하느님께서는 그리스도 안에서 그 능력을 펼치시어, 그분을 죽은 이들 가운데에서 일으키시고 하늘에 올리시어 당신 오른쪽에 앉히셨습니다. 모든 권세와 권력과 권능과 주권 위에, 그리고 현세만이 아니라 내세에서도 불릴 모든 이름 위에 뛰어나게 하신 것입니다. 또한 만물을 그리스도의 발아래 굴복시키시고, 만물 위에 계신 그분을 교회에 머리로 주셨습니다."(에페소 1, 20-21)

예수님은 당신의 힘으로 하늘에 오르신 것이 아니라, 하느님께서 예수님을 죽은 자들 가운데서 일으키시고 하느님 오른편에 앉히셨습니다. 그리고 예수님을 모든 것들 위에 주님이 되게 하셨습니다.

승천, 하늘에 오르심은 하느님의 큰 뜻을 이 땅에서 펼치셨던 예수님에게 하느님께서 선물 주신 사건입니다. 만일 예수님이 이 땅에서 당신의 생각과 뜻, 당신의 이상과 야망을 펼치셨더라면 승천 사건은 일어나지 않았을 것입니다. 승천 사건이 없었다면 예수님은 우리의 스승도 주님도 되지 못합니다. 예수님이 하늘에 오르셨다는 것은 승리자 예수님이 우리의 스승이요 주님이 되셨다는 것을 의미합니다.

예수님의 승천 사건은 우리도 예수님처럼 하늘에 오를 수 있다는 사실을 말해주고 있습니다. 우리가 예수님처럼 하느님의 큰 뜻, 천명(天命)을 이 땅에서 펼치고 산다면, 하느님께서는 우리도 예수님처럼 하늘에 들어 올려 승리자가 되게 하십니다. 하늘에 올라 승리자가 되는 관건은 이 땅에서 어떻게 사느냐에 달려 있습니다. 우리가 두 발을 딛고 사는 이 세상이 하늘에 오를 수 있는 디딤판이 됩니다.

인간은 두 발을 땅에 딛고 머리를 하늘로 향해 곧추서서 살아가는 직립 동물입니다. 네 발로 땅 위를 기어 다니면서 코를 땅에 처박고 먹을 것이나 찾는 짐승들과는 다른 모습입니다. 짐승들은 본능에 따라서 살다가 수명이 다하면 죽어서 땅에 묻혀 썩고 맙니다.

하느님의 모상을 닮은 사람은 두 발을 딛고 서 있는 땅을 바탕으로 삼아 하늘로 오르려고 합니다. 짐승이 아니란 말입니다. 우리 인생 여정의 최종 목적지는 하느님 나라, 천국, 하늘이라는 말입니다.

우리 인생의 최종 목적지인 하늘에 오르기 위해서는 하늘의 뜻대로 살아야 합니다. 하늘의 뜻이란 사랑의 이중 계명을 실천하는 것입니다.

루카 10, 25이하에는 이런 가르침이 있습니다. 어떤 율법교사가 예수님께 이렇게 묻습니다. "스승님, 제가 무엇을 해야 영원한 생명을 받을 수 있습니까?" 그는 하늘나라에 오를 수 있는 길을 묻습니다.

예수님은 이렇게 대답합니다. "율법에 무엇이라고 쓰여 있느냐? 너는 어떻게 읽었느냐?" 율법교사가 "네 마음을 다하고 네 목숨을 다하고 네 힘을 다하고 네 정신을 다하여 주 너의 하느님을 사랑하고, 네 이웃을 너 자신처럼 사랑해야 한다. 하였습니다." 예수님께서 "옳게 대답하였다. 그렇게 하여라. 그러면 네가 살 것이다."

모든 것을 다해서 하느님을 사랑하고 너를 나처럼 사랑하는 사랑의 이중 계명, 한마디로 경천애인(敬天愛人)을 실천하면 하늘나라에 올라 영원한 생명을 누리게 된다는 가르침입니다. 예수님이 오늘 하늘에 올림을 받아서 우리의 주님이 되신 것은 경천애인(敬天愛人)하는 삶을 사셨기 때문입니다.

오늘 많은 사람들이 경천애인(敬天愛人)하면서 사람답게 살려고 노력하는 것이 아니라, 사람 되기를 포기하고 짐승처럼 살려고 합니다. 사람들이 짐승처럼 살려고 하기에 이 사회는 정글의 법칙, 약육강식(弱肉强食), 적자생존(適者生存)의 법칙이 지배하는 동물의 왕국이 되어 버리고 말았습니다. 지옥(地獄)은 이렇게 해서 만들어집니다.

동물의 왕국에 사는 사람들은 겨드랑이에 날개가 돋아나서 새처럼 훨훨 날 수 있다 하더라도 하늘나라에 오를 수 없습니다. 지옥에 떨어지게 됩니다.

예수님이 하느님 오른편에 앉아서 승리자가 되셨듯이, 우리도 하늘나라에 불림 받고 있습니다. 신앙인들은 짐승되기를 거부함으로써 하느님의 모상을 회복하여 하늘에 올라야 합니다.

오늘 예수님은 승천(昇天), 하늘에 오르셨습니다. 예수님이 오르신 하늘이란 도대체 어디를 말합니까? 하늘이란 무엇입니까? 해와 달이 뜨고 지는 하늘, 구름이 있고 새들이 날고, 비행기들이 오가는 저 창공(蒼空)을 하늘이라 합니까? 예수님이 비행기도 없던 시절, 공중부양술(空中浮揚術)이라도 부려서 저 하늘 높은 곳으로 오르셨다는 말입니까? 만일 예수님이 하늘 창공 저 높은 곳으로 올라가신 분이라면 우리와는 아무 상관이 없는 분이 되고 맙니다.

오늘 예수님은 제자들에게 이렇게 말씀하십니다. "보라, 내가 세상 끝날까지 언제나 너희와 함께 있겠다." 만일 예수님이 하늘 창공 높은 곳으로 올라가 사라지셨다면 어떻게 세상 끝날까지 우리와 함께 머물 수 있겠습니까? 그럴 수 없습니다. 예수님은 하늘 저 높은 곳으로 떠나신 것이 아니라 우리가 살고 있는 이 세상 한가운데로 내려오셨습니다.

사람이 하늘이기 때문입니다. 세상 끝날까지 너희와 함께 있겠다고 약속하시고 하늘에 오르신 예수님은, 하늘인 사람들 한가운데로 도로 오신 것입니다.

동학(東學)의 창시자 수운(水雲) 최제우(崔濟愚)는 동학운동을 시작하면서 시천주(侍天主)를 주창합니다. 시천주(侍天主)란 '모실 시(侍)' '하늘 천(天)' '주인 주(主)'로 된 한자말입니다. 내 몸 안에 하느님을 모시고 있다는 것이 시천주(侍天主) 사상입니다. 사람은 하느님의 모상으로 창조되었고 하느님의 숨결로 생명을 얻었으니 최제우의 시천주(侍天主) 사상은 옳은 것입니다. 동학의 2대 교주 해월(海月) 최시형(崔時亨)은 한걸음 나아가 '사인여천(事人如天)'을 가르칩니다. '사인(事人)', 즉 사람들을 대할 때 '여천(如天)', 하늘처럼 대하라고 합니다. 사람은 하느님의 모상으로 창조되었고 하느님의 숨결을 모시고 있으니 하늘처럼 대하는 것은 당연합니다.

동학운동은 1905년 의암(義菴) 손병희(孫秉熙) 선생에 의해서 천도교(天道敎)로 발전하게 되는데, 손병희(孫秉熙)는 '인내천(人乃天), 즉 인(人), 사람이 내천(乃天), 바로 하늘이다.'라고 주창합니다.

손병희의 '인내천(人乃天), 사람이 하늘이다.'가 천도교의 핵심 교리입니다. 천도교의 교리는 이미 2천 년 전에 예수님이 다 가르쳐

주신 것입니다. 인내천(人乃天), 사람이 하늘입니다. 사람이 하늘이기 때문에 예수님은 해와 달이 뜨고 비행기가 다니는 저 하늘 창공으로 올라 우리를 버려두고 떠나신 것이 아니라, 사람들 가운데에서 사람들과 함께 계시면서 주님이 되셨습니다.

오늘 사도행전은 예수님이 시야에서 사라지셨다고 합니다. 예수님은 하늘 창공 높은 곳으로 떠난 것이 아니라 눈에 보이지 않는 모습으로 우리와 함께 계시는 주님이 되셨습니다.

예수님의 승천은 우리 앞에 새로운 시대, 신앙의 시대, 믿음의 시대가 도래(到來)했다는 것을 의미합니다. 누구든지 믿음의 눈이 열리면 우리 가운데 함께 계시는 스승이요 주님이신 예수님을 만날 수 있습니다.

예수님을 스승이요 주님으로 섬기는 우리가 하늘에 오를 차례입니다. 하느님의 큰 뜻, 사랑의 이중 계명을 실천하여 지금 여기서 하늘나라를 누리는 복을 받으시기를 간절히 기도합니다.

성령강림 대축일
- 사도행전 2,1-11
- 1코린토 12,3-7.12-13
- 요한 20,19-23

성령의 시대

 예수님께서 승천(昇天)하신지 열흘 째 되는 날, 성령이 내려옵니다. 이날은 파스카 부활 대축일 이후 50일째가 되는 날이어서 오순절(五旬節)이라고 합니다. 이스라엘 백성들이 가나안 땅에 정착한 이후 농사를 지어서 얻은 첫 번째 곡식들을 하느님께 봉헌하면서 감사의 제사를 바치는 날이기도 합니다. 이날은 또한 이스라엘 백성이 십계명을 받고 하느님과 계약을 맺어 하느님의 백성이 된 것을 기념하는 축제일이기도 합니다.

 이스라엘 백성들은 가나안 땅에 정착하게 된 것을 감사드리면서 이 오순절(五旬節) 축제를 성대하게 지냅니다. 전 세계에 흩어져 있던 이스라엘 사람들이 예루살렘 성전을 참배하고 오순절 축제를 지내기 위해서 성도 예루살렘으로 모여듭니다.

 이날 예루살렘에서는 또 다른 큰 사건 하나가 벌어집니다. 하느님의 영, 성령(聖靈)이 사도들 위에 내려오신 것입니다. 사도들은 예수께서 승천하신 후에 유다인들이 무서워서 어느 집에 모여 문을 닫아걸고 있었습니다. 이 집은 예수께서 제자들과 최후의 만찬을 거행했던 곳이라고 알려진 이층 방이 있는 집입니다. 갑자기 세찬 바람 소리가 들려오더니 성령이 사도들 위에 마치 불 혀와 같은 모습으로 내려옵니다.

오순절 축제를 지내기 위해서 예루살렘에 왔던 사람들이 이상한 바람 소리에 이끌려 사도들이 모여 있던 집 앞으로 몰려왔는데, 사도들이 문을 열고 밖으로 나옵니다. 사도들의 모습이 예전과는 달랐습니다. 모였던 사람들도 자신들 앞에 나타난 사도들이 새롭게 태어난 사람들이라는 사실을 한눈에 알아봅니다. 이전에 사도들은 두려움에 사로잡힌 겁먹은 모습이었지만, 성령을 받고 난 후의 사도들의 모습은 그렇지 않습니다. 세상일에 초탈한 듯 당당한 사도들의 모습을 보고 모여 온 사람들은 신기하게 여깁니다.

더욱 놀라운 일은 사도들은 갈릴래아 사람들인데, 그들이 하는 말을 세계 각국에서 온 사람들 모두 자기네 나라말로 알아듣고 있었다는 사실입니다. 그들은 그 자리에서 사람과 사람, 민족과 국가를 갈라놓고 있던 언어의 장벽이 무너지고 있다는 사실을 깨닫게 됩니다.

성령이 내려오기 이전에 인류는 민족과 언어와 국경의 장벽으로 인해 서로 갈라져서 살아왔습니다. 창세기 11장의 바벨탑 이야기는 인류가 어떻게 흩어져 분열하게 되었는지 설명하고 있습니다. 바벨탑은 교만한 인간들이 하느님의 자리를 빼앗으려고 하다가 말이 섞갈리는 바람에 서로 의사소통을 할 수가 없어서 뿔뿔이 흩어지게 되었다고 설명합니다. 이렇게 흩어진 인류는 국경과 언어와 민족의 장벽으로 서로 갈라지고, 편 갈라 힘을 겨루면서 싸워 왔습니다. 성령강림 이전에는 인간의 오만과 악령이 그 권세를 떨치던 시대였고, 인류는 편 갈라 서로 죽이고 빼앗고 싸우면서 분열의 삶을 살았습니다.

성령강림은 인류가 이렇게 갈라져서 싸우던 시대를 끝냅니다. 성령은 언어의 장벽을 무너뜨립니다. 언어의 장벽이 무너졌기 때문에 온 인류가 서로 소통할 수 있게 되고 인종과 민족, 국경을 넘어 서로 사랑할 수 있는 시대를 맞이하게 됩니다.

말이 달라서 뿔뿔이 흩어져서 살던 분열의 시대는 끝났습니다. 모두 마음을 열고 의사소통을 하는 시대가 왔습니다. 민족과 국경 때문에 서로 나뉘어 싸우던 시대는 끝났습니다. 인류가 하느님을 아버지라 부르면서 한 가족 한 형제가 되어서 서로 사랑하는 시대가 열린 것입니다.

하느님을 아버지라 부르면서 한 가족이 된 새로운 민족을 교회라고 합니다. 하느님 백성인 이 교회를 살아 있게 하는 혼은 성령입니다.

이 사실을 사도 바오로는 오늘 우리가 들은 제 2독서에서 이렇게 말합니다. "몸은 하나이지만 많은 지체를 가지고 있고 몸의 지체는 많지만 모두가 한 몸인 것처럼, 그리스도께서도 그러하십니다. 우리는 유다인이든 그리스인이든 종이든 자유인이든 모두 한 성령 안에서 세례를 받아 한 몸이 되었습니다. 또 모두 한 성령을 받아

마셨습니다."(1고린 12, 12-13)

　우리는 신분이 다르고, 나라가 다르고, 인종이 다르다 할지라도 한 성령으로 세례를 받아 그리스도의 몸의 지체가 된 새로운 민족, 하느님의 백성입니다.

　성령강림으로 인류 앞에 새로운 역사가 시작되었지만, 성령은 언제나 사람들을 통해서 역사(役事)하시고, 당신의 권능을 드러냅니다. 사도 바오로는 이 사실을 이렇게 말합니다.
　"은사는 여러 가지지만 성령은 같은 성령이십니다. 직분은 여러 가지지만 주님은 같은 주님이십니다. 활동은 여러 가지지만 모든 사람 안에서 모든 활동을 일으키시는 분은 같은 하느님이십니다. 하느님께서 각 사람에게 공동선을 위하여 성령을 드러내 보여 주십니다."(1고린 12, 4-7)
　성령은 공동선을 위하여 각 사람에게 각각 다른 은총의 선물을 주시면서 역사하시고 권능을 드러내신다고 하는데, 어떤 사람을 통해서 역사하신다는 말입니까? 누가 이 시대에 새로운 성령강림 사건을 일으키는 사람입니까? 말할 필요도 없이 이 시대에 새로운 성령강림을 일으킬 수 있는 사람은 철저하게 아버지 하느님께 귀의한 사람, 그리고 스승 예수님의 가르침과 말씀에 따라서 사는 사람이 그렇게 할 수 있습니다. 무사무욕하여 온전히 자신을 비워 성령으로 충만한 사람이 새로운 역사를 만들어 갑니다.
　구약에서는 아브라함, 모세, 여호수아, 그리고 여러 예언자들이 그러했습니다. 아브라함은 '떠나라'는 하느님의 부르심에 순명하면서 고향과 가족들을 버리고 무작정 길을 나섭니다. 모세는 말주변도 없고 용기도 없지만 하느님의 부르심에 응답하면서 이스라엘을 이집트의 노예살이에서 해방시키는 영도자가 됩니다. 예언자들도 평범한 농부이거나 목자들이었지만 하느님 부르심에 응답하여 하느님의 말씀을 선포합니다. 대부분의 예언자들은 비극적인 최후를 맞이합니다. 그렇지만 그들 덕분에 이스라엘은 길을 잃지 않습니다. 자신을 고집하지 않고 이기적 욕망을 버리고 온전히 자신을 비워 하느님께 귀의한 그들 안에 성령이 충만합니다. 성령은 그들을 비추고 이끌어서 새로운 시대를 열게 합니다.

신약에서는 예수님의 어머니 마리아, 나자렛 사람 예수님 그리고 오늘 성령을 받은 사도들이 모두 자신들을 비워서 성령의 인도하심에 따라 한평생을 사신 분들입니다. 이런 인물들로 인해서 우리는 어둠 속에서 빛을 발견하고 구원을 받습니다. 이런 분들이 이 세상을 성령의 활동 무대로 만드는 사람들입니다.

이런 분들로 인해서 성령의 불길이 밝게 타오르는 곳에 악령은 힘을 잃게 되고, 하느님 나라가 도래하게 됩니다.

사도 바오로는 갈라디아인들에게 보낸 편지 5, 22에서 성령의 열매를 사랑, 기쁨, 평화, 인내, 호의, 선의, 성실, 온유, 절제라고 말합니다.

한편, 자신을 고집하고 주장하면서 육정과 욕망에 사로잡혀 사는 사람들도 있습니다. 이런 사람들 안에서 성령은 아무것도 할 수 없습니다. 이들이 맺는 열매에 대해서 사도 바오로는 갈라디아 5,19-21에서 이렇게 말합니다.

"육의 행실은 자명합니다. 그것은 곧 불륜, 더러움, 방탕, 우상 숭배, 마술, 적개심, 분쟁, 시기, 격분, 이기심, 분열, 분파, 질투, 만취 흥청대는 술판, 그 밖에 이와 비슷한 것들입니다."

육정과 욕망에 따라서 사는 사람들은 악령 곧 악마의 속삭임에 귀를 기울이는 사람들이고, 이렇게 사는 사람들이 이 세상을 아비규환의 지옥으로 만듭니다.

성령강림으로 우리들 앞에 새로운 시대, 구원의 시대가 열렸습니다. 하느님의 성령께서 우리들 가운데 힘차게 역사하시어 악령의 권세를 몰아내고 새로운 시대를 열도록 우리 자신을 무사무욕의 빈 그릇으로 만들어야 하겠습니다. 여러분과 여러분들의 가정에 성령 충만하시기를 축원합니다.

삼위일체 대축일
- 탈출기 34,4-6.8-9
- 2코린토 13,11-13
- 요한 3,16-18

대자대비(大慈大悲)하신 하느님

그리스도인들은 삼위일체 하느님을 믿습니다. 우리는 기도를 할 때, 일을 시작하거나 마칠 때, 식사를 하거나 음식을 먹을 때, 운전을 할 때, 길을 떠날 때, 또 집으로 돌아왔을 때 성호를 그으면서 "성부와 성자와 성령의 이름으로. 아멘."하고 기도합니다. 성호를 그으면서 '성부와 성자와 성령의 이름으로. 아멘.'하고 기도하는 것은 우리가 믿는 하느님은 삼위일체라는 신앙을 고백하는 것입니다. 그리고 모든 일을 하느님의 은총 속에서, 그리고 하느님의 영광을 위하여 한다는 다짐입니다.

그리스도인들이 믿는 하느님은 삼위일체, 즉 한 분 하느님이시지만 성부(聖父), 아버지 하느님과 성자(聖子), 아들 하느님 그리고 성령(聖靈), 거룩한 영이신 하느님이 한 분으로 존재합니다. 삼위일체 신비를 인간의 머리로 이해할 수는 없습니다. 하느님은 사람의 머리를 뛰어넘는 신비이기 때문입니다.

지난 날, 많은 신학자들이 삼위일체 하느님을 신학적, 존재론적,

철학적으로 규명하기 위해서 노력했습니다. 그 과정에서 많은 이단(異端)을 만들어 내기도 했고 때로는 교권을 장악하기 위해서 삼위일체 교리를 이용하기도 했습니다. 그렇지만 아직도 삼위일체 하느님의 신비는 신비로 남아 있습니다.

성경이 인간의 머리로 알아들을 수 없는 삼위일체 신비를 계시(啓示)하는 까닭이 무엇일까요? 성경은 삼위일체 하느님의 신비 안으로 그리스도인들을 초대하고 있습니다. 삼위일체 신비는 우리가 신학적, 존재론적, 철학적으로 규명하고 파헤쳐야 할 신비가 아니라 살아가야 할 신비입니다.

그렇다면 하느님이 삼위일체인 이유가 무엇입니까? 하느님은 대자대비 큰 사랑이기 때문에 삼위일체입니다. 우리는 하느님을 어떤 때는 아버지로 만납니다. 예수님은 아버지 하느님의 사랑에 대해서 이렇게 말씀하십니다. "그분께서는 악인에게나 선인에게나 당신의 해가 떠오르게 하시고, 의로운 이에게나 불의한 이에게나 비를 내려주신다. 하늘의 너희 아버지께서 완전하신 것처럼 너희도 완전한 사람이 되어야 한다."(마태 5, 44-45. 48)

아버지 하느님은 이 세상을 창조하시고 대자대비하신 사랑의 손길로 살아 있는 모든 것들을 품고 어루만집니다. 하느님의 큰 사랑 대자대비가 존재하는 모든 것들, 즉 생명 있는 것은 말할 것도 없고 생명 없는 것들까지도 존재하게 하는 바탕입니다. 아버지 하느님의 큰 사랑은 악인과 선인을 가리지 않습니다. 의로운 이나 불의한 이를 가리지 않습니다. 그래서 악인은 하느님의 큰 사랑 때문에 회심(回心)하여 선인이 되고, 선인은 하느님의 큰 사랑 때문에 더욱 더 아름답고 향기로운 사람이 됩니다.

예수님은 우리에게 너희 아버지가 완전하신 것처럼 너희도 완전한 사람이 되라고 말씀하십니다. 우리가 아버지 하느님처럼 사랑하는 사람이 되면 아버지 하느님의 완전성에 참여하게 됩니다.

우리는 하느님을 인간 예수님을 통해서 만납니다. 아들 하느님 성자 그리스도는 나자렛 사람 목수 예수로 이 땅에 태어났습니다. 아버지 하느님이 대자대비 큰 사랑이신 것처럼, 아들 하느님 예수 그리스도도 큰 사랑 대자대비하신 분입니다. 그분이 사랑의 손을 펼치시면 병자들이 치유를 받고, 나병환자가 깨끗해지고, 앉은뱅이가 일어납니다. 죽었던 사람이 다시 살아나고, 마귀와 악령에 시달리던 사람이 해방됩니다. 세리와 창녀들이 새 사람으로 태어납니다. 억압받고 묶인 이들이 자유와 해방을 누립니다(루카 4, 16-19). 아들 하느님인 예수님은 인류 앞에 새로운 시대, 구원의 시대를 열어 줍니다.

요한복음은 이렇게 선언합니다. "하느님께서는 세상을 너무나 사랑하신 나머지 외아들을 내주시어, 그를 믿는 사람은 누구나 멸망하지 않고 영원한 생명을 얻게 하셨다."(요한3, 16) 아버지 하느님의 큰 사랑이 이 땅에서 아들 하느님 예수를 통해서 드러나게 되었습니다. 누구든지 믿음으로 아들 하느님의 사랑 안에 머물면 영원한 생명을 누립니다.

아들 하느님인 예수님은 이렇게 명령합니다. "내가 너희에게 새

계명을 준다. 서로 사랑하여라. 내가 너희를 사랑한 것처럼 너희도 서로 사랑하여라. 너희가 서로 사랑하면, 모든 사람이 그것을 보고 너희가 내 제자라는 것을 알게 될 것이다."(요한 13, 34-35)

이제 아들 하느님 예수님을 스승이요 주님으로 믿는 우리가 사랑해야 할 차례입니다. 우리가 사랑하면, 우리를 통해서 아버지 하느님의 대자대비와 예수님의 큰 사랑이 세상에 드러나게 됩니다. 그리고 우리 이웃과 주변은 새 생명으로 밝고 아름답게 살아납니다.

우리는 하느님을 거룩한 영 즉 '성령'으로 만납니다. 우리가 살고 있는 이 시대는 성령의 시대입니다. 예수님은 이렇게 말씀하십니다. "너희가 나를 사랑하면 내 계명을 지킬 것이다. 그리고 내가 아버지께 청하면, 아버지께서는 다른 보호자를 너희에게 보내시어, 영원히 너희와 함께 있도록 하실 것이다. 그분은 진리의 영이시다."(요한 14, 15-17)

실재로 예수께서 승천하신 후 성령을 보내주셨고, 오늘 우리는 성령의 시대에 살고 있습니다. 아버지 하느님께서 아들 하느님 예수를 통해서 우리에게 보내주신 성령은 진리(眞理)의 영(靈)입니다. 예수님은 '진리(眞理)가 너희를 자유롭게 하리라(요한8, 32).'하고 말씀하십니다. 우리가 진리의 영(靈), 성령의 이끄심과 비추심에 따라서 살면 자유인(自由人)이 됩니다. 그 무엇에도 걸림이 없는 무애(無碍) 자유인, 바람 같은 자유인이 됩니다. 예수님은 요한 3,5에서 이렇게 말씀하십니다. "누구든지 물과 성령으로 태어나지 않으면, 하느님 나라에 들어갈 수 없다. 육에서 태어난 것은 육이요 영에서 태어난 것은 영이다. '너희는 위로부터 태어나야 한다.'고 내가 말하였다고 놀라지 마라. 바람은 불고 싶은 데로 분다. 너는 그 소리를 들어도 어디에서 와 어디로 가는지 모른다. 영에서 태어난 이도 다 이와 같다."(요한 3, 5-8)

그리스도인들은 세례를 통해서 성령을 받았고 성령으로 다시 태어났습니다. 그러므로 성령의 이끄심과 비추심에 자신을 내드리고, 그 무엇에도 끄달리지 않는 자유인, 특별히 너를 나처럼 사랑할 수 있는 자유인이 되어야 합니다.

성령은 아버지 하느님의 영이자 예수님의 영입니다. 우리가 성령으로 충만한 신앙인이 되면 우리 또한 하느님의 사람, 하느님 자녀로서 자유를 누립니다.

하느님께서는 우리를 삼위일체 신비로 초대하고 있습니다. 우리는 그 초대에 응답하였습니다. 그리고 매사를 "성부와 성자와 성령의 이름으로'하고 있습니다. 세례를 받고 성령으로 거듭 태어난 우리들의 삶이 삼위일체 하느님의 대자대비하심에 동참하는 삶이 되어야 합니다. 여러분들의 일상적인 삶을 통해서 삼위일체 하느님께서 영광과 찬미 받으시고, 여러분은 하느님의 더 큰 사랑과 은총 받으시기를 기도합니다.

성체성혈 대축일

- 신명기 8,2-3.14-16
- 1 코린토 10,16-17
- 요한 6,51-58

예수를 먹는 사람들

저는 매달 첫 목요일에 병자방문을 나갑니다. 언제나 성체(聖體)를 모시고 갑니다. 우리 본당에는 거동 불편한 어르신들과 병자들이 여러분 계십니다. 그분들은 거의 바깥출입을 못합니다. 늘 집 안에 머무시는 그분들의 생활은 단조롭기 짝이 없습니다.

그렇지만 그분들은 기다리는 것이 있습니다. 한 달에 한 번 봉성체 날을 간절히 기다립니다. 제가 성체를 모시고 그분들을 방문하면, 그분들이 얼마나 절실하게 저의 방문을 기다리고 있었는지 잘 알 수 있습니다. 사실을 말씀드리자면 그분들은 태평성당 주임사제인 저를 기다리는 것이 아니라 예수님을 기다리고 있습니다.

제가 매달 성체를 모시고 병자방문을 나가는 것을 봉성체(奉聖體)라고 하는데, 예수님의 몸인 성체를 모시고 가기 때문입니다. 물론 제가 성체를 모시고 가지 않더라도 그분들은 기도하는 중에 하느님을 만나고 예수님을 만나는 생활을 합니다. 그럼에도 불구하고 그분들이 봉성체 날을 간절히 기다리는 이유가 있습니다. 제가 모시고 가는 성체(聖體)를 통해서 스승이요 주님이신 예수님을 가장 생생하게 만날 수 있기 때문입니다. 예수님을 만날 수 있을 뿐 아니라 예수님을 먹을 수 있습니다.

비오 어르신은 거동은 불편하셔도 초롱한 정신으로 늘 기도하시고 신심 서적을 읽으시면서 봉성체 날을 기다립니다. 요셉 어르신은 혼자서는 아무것도 할 수 없고 앞도 잘 보이지 않지만, 봉성체 날이 되면 아들 다니엘을 졸라서 깔끔하게 이발하시고 목욕하신 후에 예수님을 기다리십니다. 안나 할머니는 늘 쾌활하시고, 아녜스 할머니의 유일한 기쁨이 봉성체 날 성체를 모시는 것입니다.

성체(聖體)는 작고 하얀 밀떡 조각입니다. 아무 맛도 없을 뿐 아니라, 먹는다고 해서 배가 부르지 않습니다. 성체를 한 개들이 먹는다고 하더라도 기적처럼 치유가 일어나지도 않습니다. 그렇지만 어르신들과 병자들은 봉성체 날을 간절히 기다리고, 온갖 정성을 다해 몸과 마음을 준비하고 성체를 받아 모십니다.

봉성체 날은 그분들이 성체(聖體)를 먹고 예수님을 만나고 예수님과 하나가 되는 날입니다. 그분들은 투병 생활을 하면서 자신들이 당하는 몸과 마음의 아픔을 예수님께 봉헌합니다. 그리고 예수님과 함께 투병 생활을 합니다. 제가 매달 병자방문과 봉성체를 나갈 수밖에 없는 까닭입니다.

오늘 복음에서 예수님께서는 이렇게 말씀하십니다. "내 살을 먹고 내 피를 마시는 사람은 영원한 생명을 얻고, 나도 마지막 날에 그를 다시 살릴 것이다. 내 살은 참된 양식이며 내 피는 참된 음료다. 내 살을 먹고 내 피를 마시는 사람은 내 안에 머무르고, 나도 그 사람 안에 머무른다. 살아 계신 아버지께서 나를 보내셨고 내가 아버지로 말미암아 사는 것과 같이 나를 먹는 사람도 나로 말미암아 살 것이다. 이것이 하늘에서 내려온 빵이다." (요한 8, 54-57)

이 땅에는 고등종교라고 일컬어지는 4대 종교가 있습니다. 우리가 몸담고 있는 그리스도교, 한국의 최대 종교인 불교, 그리고 이슬람교, 한국을 포함한 동양인들의 생활을 지배하고 있는 유교(儒敎)가 바로 그것입니다. 각 종교들은 나름대로 영원한 생명을 얻는 길과 참 삶의 길을 제시하고 있습니다.

석가모니는 깨달음을 통해서 부처가 되는 길을 제시합니다. 이슬람의 창시자 마호메트는 위대한 예언자입니다. 그는 무슬림들에게 하느님의 소리에 귀를 기울여 진리와 평화, 생명과 행복의 길을 걷는 방법을 제시합니다. 유교의 공자(孔子)는 인의예지(仁義禮智)의 길을 통해서 사람이 사람답게 사는 길을 제시합니다.

고등종교의 창시자들이 제시하는 신앙의 길이 모두 바른 삶의 길입니다. 그러나 어렵고 힘든 길입니다. 깨달음을 얻어서 부처가 되는 길이 쉽지 않고, 알라 하느님의 말씀을 따라서 자신을 바쳐 이 시대에 진리와 평화의 전사(戰士)가 되는 길이 쉽지 않고, 인의예지를 통해서 사람이 사람답게 되는 길 또한 쉽지 않습니다. 그럼에도 불구하고 많은 사람들이 불자(佛子)로서, 무슬림으로서, 유림(儒林)에서 그 가르침을 따라서 살아가려고 노력합니다.

우리의 스승 예수님은 가장 쉽고 바른 삶의 길, 영원한 생명에 도달하는 길, 하느님 안에 머무는 길을 제시합니다. 성체성사(聖體聖事)가 바로 그것입니다. 석가모니나 마호메트, 공자는 바른 삶의 길을 제시하기는 했지만, 자신들을 제자들에게 내어 줄 생각은 하지 못했습니다.

한편, 우리의 스승 예수님은 진리의 길, 생명의 길을 가르쳐주시면서, 가장 좋고 확실한 방법으로 당신 자신을 제자인 우리에게 송두리째 내주시는 길을 택하셨습니다. 예수님은 이렇게 말씀하십니다. "내 살을 먹고 내 피를 마시는 사람은 내 안에 머무르고, 나도 그 사람 안에 머무른다. 나를 먹는 사람은 나로 말미암아 살 것이다."(요한 6, 56. 57)

우리는 성체를 먹음으로써 길이요 진리요 생명이신(요한 14, 6) 예수님을 먹고, 예수님과 하나가 되어서 아버지 하느님께로 나아가게 됩니다. 앞서 제가 병자방문과 봉성체를 나가야 하는 까닭을 말씀드렸지만, 거동 불편하신 어르신들과 병자들은 한 달에 한 번 영성체(領聖體)를 하게 되지만, 그분들의 삶이 예수님 안에서 예수님과 함께 하는 삶이기 때문에 하느님 보시기에 아름답고 고귀한 삶이 됩니다.

하느님 나라를 향한 우리 인생여정은 때로 고달프고 외롭고 고통스럽기도 합니다. 그뿐 아니라 수많은 유혹과 시련이 우리들의 발목을 잡기도 합니다. 그렇지만 우리는 스승 예수님을 먹고 예수님 생명에 참여하는 신앙인이라는 사실을 잊어서는 안 됩니다. 예수님은 작은 밀떡 안에 당신의 전부를 담아서 우리에게 생명의 양식으로 내어주십니다. 이보다 더 큰 사랑, 더 큰 자비, 더 큰 은총과 축복을 어디서 만날 수 있습니까? 불자들이 부처님을 대자대비하신 분이라 하지만, 무슬림들이 마호메트를 위대한 예언자라 하지만, 유림들이 공자를 성인군자라고 칭송하지만, 예수님처럼 자기를 송두리째 내어주지는 않습니다.

이집트를 탈출한 이스라엘 백성들이 복지 가나안 땅을 향한 여정 중에 거칠고 메마른 광야에서 40년을 지내게 됩니다. 그들이 그 힘든 여정을 견디어 내고 가나안 땅에 정착할 수 있었던 것은 하느님께서 만나를 내려주셨기 때문입니다. 그들은 그 만나를 먹고 하느님께서 이스라엘 백성들을 사랑하고 있다는 사실을 깨달았습니다. 그리고 자신들을 하느님의 선민이라고 자각하면서 자부심을 가졌습니다.

지금 우리는 이 땅에서 나그네살이하면서 하느님 나라를 향한 여정 중에 있습니다. 현실은 결코 녹록하지 않을 뿐 아니라, 우리는 나약하기조차 합니다. 그럼에도 불구하고 우리가 힘과 용기를 가지고 기쁨 중에 생활할 수 있는 것은 성체성사를 통해서 예수님을 먹을 수 있기 때문입니다. 성체는 이스라엘 백성들이 광야에서 먹었던 만나와는 차원이 다릅니다. 성체와 성혈의 성사는 예수님의 몸과 피입니다.

오늘 사도 바오로는 이렇게 말합니다.

"우리가 축복하는 그 축복의 잔은 그리스도의 피에 동참하는 것이 아닙니까? 우리가 떼는 빵은 그리스도의 몸에 동참하는 것이 아닙니까? 빵이 하나이므로 우리는 여럿일지라도 한 몸입니다. 우리 모두 한 빵을 함께 나누기 때문입니다."(1코린 10, 16-17) 성체를 받아먹는 우리는 예수님과도 하나가 되지만 예수님 안에서 우리 서로 한 몸이 됩니다.

당신의 몸과 피를 생명의 양식으로 주신 주님 예수님을 찬미하면서, 예수님을 먹는 우리는 또 다른 예수가 되기로 다짐합시다.

가해 강론집
사람이 하늘이다 ❶

처음 펴낸 날	2020년 1월 25일
지은이	강영구 루치오 신부
삽 화	트라피스트수도원 쥬리아나 수녀
펴낸이	김리아
펴낸곳	불휘미디어
	제567-2011-000009호
	경상남도 창원시 마산합포구 오동동10길 87
	(055) 244-2067
	(055) 248-8133
	E-mail: 2442067@hanmail.net

ISBN 979-11-88905-43-0 04230
ISBN 979-11-88905-42-3 (세트)

이 도서의 국립중앙도서관 출판예정도서목록(CIP)은 서지정보유통지원시스템 홈페이지
(http://seoji.nl.go.kr)와 국가자료종합목록 구축시스템(http://kolis-net.nl.go.kr)에서
이용하실 수 있습니다. (CIP제어번호 : CIP2020002061)

책값은 뒷표지에 있습니다.